Moja afrykańska miłość

Corinne Hofmann

Moja afrykańska miłość

Z niemieckiego przełożyła
Maria Skalska

Świat Książki

Tytuł oryginału
WIEDERSEHEN IN BARSALOI

Projekt graficzny serii
Anna Kłos

Redaktor prowadzący
Monika Koch

Redakcja
Beata Kołodziejska

Redakcja techniczna
Lidia Lamparska

Korekta
Jadwiga Przeczek

Copyright © 2005 by A1 Verlag GmbH, München
Copyright © for the Polish translation
by Bertelsmann Media sp. z o.o., Warszawa 2006

Świat Książki
Warszawa 2006
Bertelsmann Media sp. z o.o.
02-786 Warszawa, ul. Rosoła 10

Skład i łamanie
Plus 2

Druk i oprawa
Białostockie Zakłady Graficzne S.A.

ISBN 978-83-247-0201-5
ISBN 83-247-0201-6
Nr 5490

Dla mojej afrykańskiej rodziny

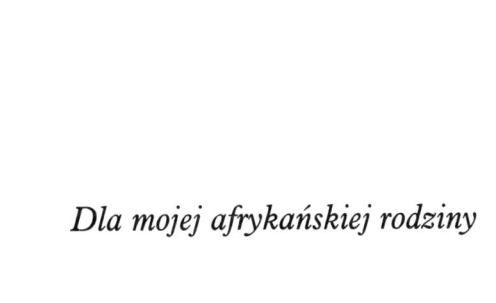

Powrót do Kenii

Nareszcie. Znowu lecę do Kenii. Po czternastu latach; bo to już prawie tyle lat upłynęło od czasu, gdy z moją córeczką Napirai, wtedy półtoraroczną, uciekłam z Nairobi. I oto znowu siedzę w samolocie. Targają mną sprzeczne uczucia: to radosne podniecenie, od którego serce szybciej bije, to niejasny strach i lęk – który skręca żołądek i powoduje pocenie rąk. Jestem tak podekscytowana, że na przemian chce mi się śmiać i płakać.

W głowie wiruje od pełnych lęku pytań. Jak wygląda teraz mój dawny dom i kraj, w którym mieszkałam przez kilka lat? Co się zmieniło? Co pozostało takie samo? Czy nowoczesność i postęp na tyle opanowały Kenię, że i ludzie, i mała wioska Barsaloi na północy kraju, zmieniły się nie do poznania? Przed czternastu laty we wsi była tylko misja, osiem drewnianych domków, nasz murowany sklep i kilka *manyatt* – tradycyjnych, okrągłych chat Samburu, otynkowanych gliną i krowim nawozem.

W podróży towarzyszą mi wydawca Albert Völkmann w charakterze „ojca i opiekuna" oraz Klaus Kamphausen, którego zadaniem będzie fotografowanie i filmowanie całej wyprawy. Ich obecność dużo dla mnie znaczy, bo dzięki nim czuję się pewniej. Jestem im naprawdę wdzięczna za towarzystwo.

Podczas lotu przez cały czas wyobrażam sobie ludzi, których nie widziałam tyle lat. Moją teściową, którą nadal darzę ogromnym szacunkiem, Lketingę – mojego ówczesnego kenijskiego męża, Jamesa – jego młodszego brata, Sagunę i wiele innych osób. Chcemy także odwiedzić ojca Giuliana w jego nowej misji. To on ratował mnie w ciężkich sytuacjach.

Mam nadzieję, że wszystko pójdzie dobrze i że z jakichś powodów nie utknę już na lotnisku w Nairobi.

W końcu zapadam w drzemkę. Kiedy po kilku godzinach znowu otwieram oczy i spoglądam przez okienko, widzę na niebie pas płonący czerwienią. Taką właśnie jutrzenkę ujrzałam dwa lata temu, kiedy po nadzwyczaj wyczerpującej wspinaczce udało mi się wejść na szczyt Kilimandżaro. Wtedy, gdy wreszcie dotarłam na Stella Point, na wysokość około 5750 m, byłam niemal u kresu sił, a teraz siedzę tylko nieco niewygodnie w fotelu lotniczym. Leniwie wodzę oczyma po nagich grzbietach górskich, widocznych w pierwszym brzasku, by po chwili znowu zapaść w płytki sen.

Na godzinę przed lądowaniem na moment robi mi się niedobrze – to ze zdenerwowania, które ściska mi serce i nie daje oddychać. W myślach wypowiadam krótką modlitwę. Widzę już bezkresne sawanny Kenii. Niekiedy udaje mi się nawet rozpoznać koliste zarysy *kraalów* – ustawione w kręgu *manyatty*, otoczone kolczastym ogrodzeniem dla ochrony przed dzikimi zwierzętami.

Może lecimy także nad Barsaloi? Ile to razy siedziałam przed naszą *manyattą* i razem z mamą spoglądałam w niebo. Kiedy nadlatywał samolot, mama zawsze pytała mnie, jak te „żelazne ptaki", bo tak nazywała samoloty, znajdują drogę tam w górze? Bez ścieżek i świateł. Może i teraz spogląda ku niebu, skoro wie, że mam przylecieć?

Najchętniej wyskoczyłabym już tutaj. Wspominając dawne życie w Kenii, patrzę na wysuszone koryta rzek, wijące się przez pylistą, czerwoną ziemię. Ich brzegi, nawet gdy jest susza, zawsze znaczą zielone pasy zieleni. Samolot stopniowo obniża pułap lotu, zatacza ostatnią pętlę i podchodzi do lądowania w Nairobi.

Przygotowania do powrotu

Decyzja o wybraniu się w tę podróż wcale nie przyszła mi łatwo. Przez kilka miesięcy toczyłam ze sobą wewnętrzną walkę, zastanawiając się, czy to, co zamierzam zrobić, jest słuszne. Lecz w moim życiu wydarzyło się i zmieniło tyle rzeczy jednocześnie, że kiedy spojrzę na to z perspektywy czasu, wydaje mi się, że po prostu tak miało być. To los tak chciał.

Już wcześniej, w ciągu minionych lat, próbowałam się jakoś przygotować do ewentualnej podróży. Raz po raz dzwoniłam do ambasady Kenii w Szwajcarii, a także do ambasady niemieckiej w Nairobi i pytałam, co należy zrobić, aby rozwód z moim mężem z plemienia Samburu, przeprowadzony w Szwajcarii, został uznany także w Kenii. Odpowiedź była za każdym razem taka sama – muszę zlecić sprawę kenijskiemu adwokatowi i absolutnie konieczna jest zgoda mojego męża. Ale Lketinga od dłuższego czasu znowu mieszka na północy Kenii, o kilkaset kilometrów od Nairobi, i od kilku lat jest żonaty z młodą kobietą ze swojego plemienia. Wiedziałam, że proszenie go, aby zechciał w takiej sprawie przyjechać do Nairobi i stawić się przed sądem, to czysty absurd. Zwłaszcza że Lketinga z pewnością i tak nie zrozumiałby, po co miałby to robić. Przecież w jego życiu wszystko jest w porządku, a rozwody są u Samburu nieznane, ponieważ mężczyźni mogą żenić się z kilkoma kobietami.

Tak więc jako żona Lketingi musiałabym znowu przy wyjeździe mieć jego pozwolenie na opuszczenie Kenii. Dlatego zostawiłam tę sprawę, mając świadomość, że przynajmniej na razie nie będę mogła odwiedzić tego kraju – chociaż dużo myślałam o mojej rodzinie, przede wszystkim o teściowej, babci mojej córki, i bardzo chciałam ich wszystkich znowu zobaczyć. Pocieszałam się, że pewnie w końcu da się coś z tym zrobić, kiedy Napirai za kilka lat zechce poznać swojego ojca. Wtedy znajdziemy jakieś rozwiązanie. Zobaczymy – powtarzałam sobie i chowałam moje europejskie dokumenty rozwodowe w szufladzie.

* * *

W roku 2003 przez całą jesień jeżdżę na wieczory autorskie z moją książką *Żegnaj Afryko*. Spotkania z czytelnikami sprawiają mi ogromną radość. Prace przygotowawcze do sfilmowania mojej pierwszej książki idą pełną parą, co pociąga za sobą konieczność wyjazdów do Monachium, ilekroć trzeba omówić jakieś kwestie związane ze scenariuszem. Bardzo mnie cieszy, że mogę zgłaszać swoje życzenia, zastrzeżenia i uwagi. Dzięki tym spotkaniom nawiązuje się prawdziwa współpraca z ekipą filmową. Łatwiej mi teraz radzić sobie z mieszanymi uczuciami i wątpliwościami, które często ogarniają mnie na myśl o tym filmie.

Bo to wcale nie takie proste oglądać na ekranie własne życie, mimo zmienionych imion i nieco skróconej wersji. Przy niektórych scenach łzy napływają mi do oczu. Minęło już tyle lat, a tamte przeżycia tak bardzo mnie jeszcze poruszają.

Ale jestem ciekawa, jak to wszystko wypadnie, no i dumna, że ważna część mojego życia zostanie wkrótce pokazana w kinach. Napirai ciągle ma wątpliwości. Doskonale to rozumiem, przecież ona nie pamięta tamtych czasów i łatwo może wziąć film za rzeczywistość. Modlę się, żeby wszystko wyszło dobrze, żebyśmy nie musiały się potem niczego wstydzić.

Dzięki współpracy z filmowcami udaje mi się nawiązać pewne pomocne kontakty w Kenii. Pod koniec roku postanawiam nagle znowu wyciągnąć z szuflady papiery rozwodowe, przesyłam je faksem do nowego znajomego z Nairobi, z prośbą, by zechciał przedstawić moją sprawę do wyjaśnienia jakiemuś miejscowemu adwokatowi. Jeśli w ogóle jest możliwe, aby bez specjalnych utrudnień załatwić uznanie w Kenii mojego rozwodu, to właśnie teraz, kiedy na miejscu mamy znajomych, którzy mogą pomóc. Nie mam nic do stracenia, toteż po prostu spokojnie czekam na odpowiedź.

Na początku następnego roku bardzo pochłaniają mnie sprawy promocji mojej książki. Wieczory autorskie dają ogromną satysfakcję. To wspaniałe uczucie opowiadać o swoich przeżyciach setkom zainteresowanych osób, patrzeć na zdumione i rozradowane twarze. Jest mi niezmiernie miło, kiedy słyszę, że tak wielu ludziom nie tylko sprawiłam radość moją książką, ale i dodałam im siły i odwagi do życia. Czuję się prawie tak, jakbym spełniała jakąś ważną misję.

Odczyty i wyjazdy pochłaniają mnie tak bardzo, że nie zauważam, jak źle się dzieje w moim życiu osobistym. Kiedy się wreszcie orientuję, jest już za późno. Mój partner po cichu wycofał się z naszego związku. To straszne przeżycie, ogarnia mnie głęboki smutek, a jednocześnie wściekłość. Ale dość o tym. Znowu coś się popsuło, stało się coś, czego bym się nigdy nie spodziewała.

Dzięki temu zrozumiałam, że moja przeszłość, znana już przecież na całym świecie, nawet dla kochającego mężczyzny może stanowić poważny problem. Po nakręceniu filmu będzie pewnie jeszcze trudniej.

A jednak nie chcę zrezygnować z obranej drogi. Kocham moją pracę, która nie tylko daje mi możliwość wpływania na postawy ludzi tutaj, ale także pozwala pomagać ludziom w Afryce. Wiem, że moje książki przyczyniają się do lepszego zrozumienia między białymi i czarnymi – piszą mi o tym sami czytelnicy. A czy można sobie wyobrazić piękniejsze zadanie, zwłaszcza że sama dałam życie dziecku mieszanej krwi? Tak, jestem tego pewna – w tej dziedzinie dalej będę robić wszystko, co w mojej mocy. To przekonanie pomaga mi lepiej radzić sobie ze smutkiem i żalem z powodu rozpadu mojego związku.

Dlatego z jeszcze większą energią rzucam się w wir pracy, wolne chwile spędzam z córką albo na długich wędrówkach po ukochanych górach.

W kilka tygodni później dostaję z Nairobi wiadomość, że moje europejskie dokumenty rozwodowe są prawnie ważne także w Kenii i że przed czternastu laty według kenijskiego prawa nie uprowadziłam córki, gdyż jej ojciec dał mi wtedy pozwolenie na wyjazd – chociaż co prawda nie spodziewał się, że będzie to wyjazd na zawsze. Ta wiadomość jest dla mnie prawdziwą ulgą.

Lecz nocami nadal rozmyślam o rozpadzie mojego związku – fatalnie śpię i dręczą mnie złe sny. Pewnej nocy budzę się przerażona. Zlana potem gwałtownie siadam na łóżku, a w głowie wiruje mi myśl, że muszę pojechać do Kenii, jeśli chcę zobaczyć moją teściową jeszcze za życia. Jestem tak wzburzona i wyprowadzona z równowagi, że nie mogę się uspokoić i aż do rana nie udaje mi się zmrużyć oka.

Nie mogę uwolnić się od tej myśli. Przez kilka następnych dni zastanawiam się gorączkowo, czy rzeczywiście powinnam pojechać do Kenii. Co powie na to Napirai? A co moja matka? A przede wszystkim, co sobie o tym pomyśli cała moja afrykańska rodzina, z Lketingą na czele?

Jednak pomysł wyjazdu wciąga mnie coraz bardziej, nie mogę już myśleć o niczym innym, targają mną sprzeczne emocje: to wpadam w nerwowy niepokój i wzburzenie, to w prawdziwą euforię. Jakie to dziwne! Gdybym była z moim partnerem, nigdy nie przyszłoby mi do głowy, aby teraz wybrać się do Kenii! Może to prawda, że nasze życie jest zaprogramowane z góry, i tak właśnie miało być.

Znowu jadę do Monachium. Spotykam się z reżyserką filmu *Biała Masajka*. Była w Kenii i odwiedziła między innymi moją rodzinę w Barsaloi. Opowiada, że po przełamaniu początkowej nieufności, przyjęli ją życzliwie. Udało się nawet namówić moją teściową, żeby się pokazała. Mama ciągle jeszcze jest postawną kobietą, ale widać już po niej wiek. Przy pożegnaniu przekazała dla mnie wiadomość: „Corinne dożyje dziewięćdziesięciu lat, tak jak ja. Chcę, żeby wiedziała, że kocham ją z całego serca i życzę jej wszystkiego najlepszego. Zawsze będzie u nas mile widziana. Chciałabym ją jeszcze raz zobaczyć, zanim umrę".

Kiedy słyszę te słowa, łzy napływają mi do oczu. A wraz z nimi fala wspomnień... Moja afrykańska mama jest mi taka bliska. W tej chwili postanawiam. Jadę do Afryki! Muszę jeszcze raz zobaczyć moją teściową i wziąć ją w ramiona!

Idę do wydawnictwa. Mówię o moich planach. Albert, wydawca, który przed sześciu laty odwiedził moją afrykańską rodzinę i przekazał im pierwszą książkę napisaną przeze mnie, *Biała Masajka*, od razu zgłasza gotowość towarzyszenia mi w podróży. „Nareszcie poznam małego Alberta" – mówi uradowany. Mały Albert to pierwszy syn Jamesa, brata mojego byłego męża. James dał chłopcu to imię w dowód wdzięczności za wieloletnie wsparcie finansowe ze strony wydawnictwa.

To właśnie Jamesa zawiadamiam listownie o naszych planach. Brat Lketingi jest moim łącznikiem z afrykańską rodziną, gdyż tylko on jeden potrafi czytać i pisać. W napięciu czekam na odpowiedź. W maju nadchodzi upragniony list. James pisze, że on i cała rodzina bardzo się cieszą na moje przybycie. Jest też kilka słów o mamie. Zawsze czuła, że jeszcze kiedyś mnie zobaczy. A teraz bardzo się cieszy na mój przyjazd. Nie muszę się także obawiać żadnych trudności ze strony Lketingi. James pisze, że wiadomość o moim przyjeździe bardzo wszystkich poruszyła. Ludzie, którym o tym opowiada, pytają go z niedowierzaniem: *Really, Corinne will come once again to our place in Kenia?* („Naprawdę Corinne znowu przyjedzie do Kenii, do naszej wioski?").

Kiedy ze wzruszeniem czytam córce ten piękny list, Napirai mówi spontanicznie: „Tak, mamo, myślę, że naprawdę powinnaś tam pojechać". To są słowa, na które czekałam, których pragnęłam i potrzebowałam. Oddycham z ulgą. Teraz mogę spokojnie jechać. Widzę, że ta podróż będzie czymś ważnym także dla mojej ukochanej córki. Po powrocie będę mogła podzielić się z nią wrażeniami i przeżyciami, opowiedzieć o rodzinie, pokazać filmy i zdjęcia.

Przez cztery miesiące staczałam ze sobą wewnętrzną walkę, zadawałam sobie pytanie, czy ten powrót ma jakikolwiek sens. Jak to zniesiemy? Czy będzie to dobre dla wszystkich? Ale teraz, pod wpływem słów córki, nabrałam pewności, że wszystko, co zdarzyło się od początku roku, to była droga prowadząca do celu, którym jest spotkanie po latach w Afryce.

NAIROBI

Kiedy wysiadam z samolotu, nie czuję uderzenia wilgotnego tropikalnego powietrza. Tak jak wtedy w Mombasie – jest raczej sucho. I ciepło. Stajemy w kolejce do odprawy paszportowej, a ja nie mogę się uwolnić od tego mdlącego uczucia. Mimowolnie wracam na moment myślami do wydarzeń sprzed czternastu lat. Tutaj właśnie, przy kontroli paszportowej, omal nie zawrócono mnie razem z córką. Wtedy prawie umierałam ze strachu, kiedy zadawano mi te wszystkie pytania. Dlaczego wyjeżdża pani bez ojca dziecka? Gdzie jest teraz pani mąż? Jak długo pozostanie pani poza granicami kraju? Dlaczego pani córka ma niemiecki paszport, skoro urodziła się w Kenii, a jej ojciec jest Samburu? Czy to rzeczywiście pani córka?

Pytanie za pytaniem – omal nie doprowadziły mnie wtedy do obłędu. Miałam szczęście, że wreszcie pozwolono mi wsiąść do samolotu. A teraz znowu podaję mój paszport urzędnikowi. I chociaż ten tylko uprzejmie kiwa głową, serce wali mi jak oszalałe.

Teraz jestem tu sama, bez córki. Uznałam, że zabieranie jej jest zbyt niebezpieczne – Napirai nie jest jeszcze pełnoletnia. Według prawa kenijskiego córka należy do ojca, a według praw plemiennych mojego byłego męża – właściwie nawet do babki, czyli do jego matki. Z punktu widzenia Samburu Napirai jest właśnie w najlepszym wieku do zawarcia małżeństwa. Tutaj nadal wydaje się dziewczęta za mąż w bardzo młodym wieku i nadal istnieje straszliwy zwyczaj obrzezania. Ryzyko, że być może będziemy musiały przeciwstawić się tego typu naciskom, wydało mi się zbyt duże, toteż zdecydowałam się przyjechać sama. Zresztą Napirai wcale nie miała ochoty jechać do Kenii. Oczywiście stale wypytuje mnie o ojca i naszą historię, ale jak dotąd obawa przed nieznanym jest zbyt wielka.

Urzędnik bierze mój paszport, przystawia do komputerowego czytnika. Widać, że i tutaj zawitał postęp. Po kolejnych pięciu sekundach dostaję stempel. Oddycham z ulgą. Wraz z moimi towarzyszami jestem legalnie na kenijskiej ziemi.

Na pierwszą noc wynajmujemy pokoje w hotelu Norfolk o wieloletniej, a właściwie wiekowej już tradycji. Wybudowano go w stylu wiejskiej posiadłości w 1904 roku. W czasach kolonialnych był miejscem spotkań białych osadników, przemysłowców, plantatorów i bogaczy, przyjeżdżających tu na safari. W dzikim, słabo poznanym kraju taki hotel musiał być prawdziwą oazą cywilizacji. I dzisiaj jeszcze wiszą tu na ścianach stare obrazy i fotografie słynnych ludzi, jak choćby Roosevelta czy Hemingwaya. Rośliny tropikalne tworzą klimat otaczającego budynek ogrodu, utrzymanego w stylu parkowym, a ustawione tu stare powozy konne stanowią przyjemne dekoracje. Po raz pierwszy jestem w Nairobi w hotelu tej klasy i nawet nie chcę myśleć, ile to będzie kosztowało. Noc tutaj to pewnie miesięczna pensja przeciętnego urzędnika.

Wtedy, przed laty, gdy musiałam pojechać do Nairobi – a był to dla mnie zawsze koszmar – za każdym razem zatrzymywałam się w River Road. Oczywiście nie było to najlepsze miejsce, ale za to za nocleg w ponurym pokoju płaciłam tylko cztery lub pięć franków. Kiedy jest się żoną wojownika Samburu i z konieczności zarabia się na życie, nie przychodzi człowiekowi do głowy, by wydawać ciężko zapracowane pieniądze na drogi nocleg.

Lecz teraz podróżuję z europejskimi towarzyszami, a ta wyprawa powinna także być w miarę przyjemna dla mojego wydawcy. W końcu Albert nie ma dwudziestu lat, no i nie zakochał się śmiertelnie w jakiejś masajskiej kobiecie.

Wieczorem jemy obiad na tarasie. Za naszymi plecami jest bar, do którego w dawniejszych czasach przychodzili panowie, aby wypalić cygaro. Kobiety nie miały tam wstępu.

Jest pięknie i nastrojowo, ale ja nie czuję się jeszcze w Afryce, mimo że wpada tu dzisiaj o wiele więcej ciemnoskórych biznesmenów niż kilka lat temu. Poza tym, kiedy już zaspokoiłam pierwszą ciekawość, wszystko wydaje mi się odrobinę za eleganckie – i chciałabym jak najszybciej ruszyć dalej. Toteż wcale nie jest mi smutno, kiedy następnego dnia ściskamy obciągniętą białą rękawiczką dłoń portiera, ubranego w ciemnozielony smoking, żegnając się z nim z uśmiechem.

W DRODZE DO KRAINY SAMBURU

Wynajmujemy dwa land cruisery, opłacamy szoferów i wreszcie ruszamy w kierunku mojej „dawnej ojczyzny". Nasze samochody przebijają się przez potwornie zatłoczone ulice Nairobi.

Panuje tu nieopisany chaos. Z każdej strony nacierają samochody osobowe, ciężarówki, małe busy, zwane tutaj *matatu*, i smrodliwe, kolorowe autobusy dalekobieżne. Czarne chmury spalin duszą, prawie nie ma czym oddychać. Mimo to znowu z podziwem obserwuję, jak wszyscy tutaj, kobiety i mężczyźni, próbują zarobić chociaż parę szylingów. Są sprzedawcy gazet, którzy czekają na skraju chodnika i gdy tylko kolumna aut się zatrzyma, ruszają ze swoim towarem. Jakiś człowiek przeciska się między samochodami i próbuje sprzedać kolorowe czapeczki, inny – kieszonkowe latarki i zegarki. Wpada mi w oko oryginalne nakrycie głowy w kolorze czerwonym, opuszczam więc szybę, żeby wytargować cenę. Sprzedawcy nie mają zbyt dużo czasu. Szybko dobijamy targu, ale ponieważ sprzedający nie ma drobnych, a samochody za nami niecierpliwie trąbią, ruszamy dalej. Jednak młody mężczyzna ani myśli rezygnować z zarobku. We wstecznym lusterku widzę, jak wielkimi susami sadzi za naszym samochodem. Ujechaliśmy już pewnie ze 400 metrów, kiedy po objechaniu ronda nadarza się okazja, żeby się na krótko zatrzymać. Ledwie stanęliśmy, a już sprzedawca jest przy nas i uśmiecha się szeroko. Zdumiona kupuję czapkę, nasz kierowca też bierze jedną. Chłopak nie posiada się z radości. Ten jego uśmiech przydałoby się zobaczyć wielu sprzedawcom w naszym nobliwym kraju! U nas nikt nie wystaje w oparach spalin i nie ugania się za klientami! A wielu sprzedawców i sprzedawczyń nie stać nawet na cień uśmiechu – no, chyba że klient wysili się na dowcip!

Przy małych straganach albo wprost na ziemi siedzą handlarze i oferują swój skromny towar: trochę pomidorów, cebulę, marchew, banany. Życie w Nairobi jest barwne, ale mimo panującego tu rozgardiaszu i tłumów ludzi nie wydaje mi się tak nerwowe, jak w miastach Europy.

Powoli wyjeżdżamy z centralnej, starej części miasta i teraz wyraźniej widać oznaki postępu: wszędzie nowe supermarkety i budynki wielu firm. Billboardy z reklamami telefonów komórkowych i różnej marki telewizorów, a także plakaty filmowe migają po obu stronach autostrady. Tuż przy krawężnikach powystawiane są łóżka i szafy, między nimi widać kozy, które zamiast trawy przeżuwają skórki od bananów albo wyszukują w śmieciach resztki jedzenia. Wszędzie biegają roześmiane dzieciaki w niebieskich szkolnych mundurkach. Na krańcu miasta rozciąga się jeden z wielkich slumsów Nairobi – dzielnica zamieszkana przez najbiedniejszych. Można ją z daleka rozpoznać po charakterystycznej pstrokaciźnie dachów z blachy falistej.

Nasi kierowcy muszą jechać z dużą ostrożnością, gdyż nawet w Nairobi, w samej stolicy Kenii, drogi są w katastrofalnym stanie. Właściwie same dziury i wyboje, a miejscami w ogóle nie ma asfaltu. Na naszym pasie co chwila ktoś wyjeżdża z naprzeciwka, tak że nie da się jechać z przyzwoitą prędkością. Przejechanie 170-kilometrowej trasy do Nyahururu zabrało nam prawie pięć godzin. Co prawda wybraliśmy starą, pełną zakrętów drogę przez okolice jeziora Naivasha, gdyż chcemy rzucić okiem na wspaniałą Wielką Dolinę Ryftową.

Wielka Dolina Ryftowa, której częścią jest Wielki Rów Wschodni, to uskok, a właściwie system rozpadlin, ciągnący się przez Afrykę na długości 6000 kilometrów. Przed milionami lat wskutek ruchów tektonicznych nastąpiło rozerwanie skorupy ziemskiej, a powstałe płyty tektoniczne zaczęły się rozsuwać, powodując zapadanie się ziemi między nimi. Wielka Dolina Ryftowa to niezwykle piękne tereny o zapierających dech w piersiach różnicach wysokości, malowniczych przepaściach i wąwozach.

Stoję na platformie widokowej, zbudowanej dla licznie przybywających tu turystów; platforma jest niezbyt porządnie sklecona z desek i nie budzi zaufania, ale rozciągający się stąd widok na rozległą równinę i zamykający ją łańcuch gór jest naprawdę zachwycający. Bezpośrednio pod moimi stopami rośnie gęsty las liściasty; przerzedza się stopniowo, przechodząc w gaje akacjowe; w oddali widać już tylko pojedyncze drzewa i spieczoną czerwonawobrunatną ziemię. Ten widok po raz pierwszy budzi we mnie uczucie, że jestem w mojej ojczyźnie. Nareszcie rozpoznaję dawną Kenię. Kolor ziemi, kształt drzew i ta zniewalająca przestrzeń przypominają mi Barsaloi. Czuję, jak zalewa mnie fala szczęścia. Chcę jechać dalej. Do mojego afrykańskiego domu jeszcze długa droga.

Pod wieczór dojeżdżamy do Nyahururu, najwyżej, bo na wysokości 2463 m n.p.m., położonego miasta w Kenii. Po prawej stronie szosy rozpoznaję natychmiast miejsce, gdzie dawniej nocowałam: hotel Nyahururu Space Haven. Coś się tu jednak zmieniło. Fasada, wtedy niebieska, teraz pomalowana jest na różowo. Hotel usytuowany jest naprzeciwko dworca autobusowego, gdzie o tej porze panuje ożywiony ruch. Kierowcy minibusów głośnymi klaksonami próbują zwrócić na siebie uwagę klientów. Stąd właśnie rozchodzą się trasy we wszystkich kierunkach. Kiedy przyjeżdża się z okolic Maralalu, to właśnie tu, w Nyahururu, zaczyna się „wielki, daleki świat" Kenii. Dla mnie, ilekroć wracałam tutaj z Nairobi, nocowanie w Nyahururu oznaczało pożegnanie z cywilizowanym światem – a jednocześnie wielką radość. Wiedziałam bowiem, że jeszcze tylko 25 kilometrów, a zaczynają się tereny Samburu, ojczyzna mojej afrykańskiej rodziny.

A teraz muszę po prostu przejść się po tym dworcu i spróbować znaleźć autobus, którym wtedy jeździłam. My, troje białych obładowanych kamerami filmowymi i aparatami fotograficznymi, od razu zwracamy na siebie uwagę – natychmiast otaczają nas zaciekawieni ludzie. Każdy chce się czegoś dowiedzieć albo coś sprzedać. Pytam o kolorowy autobus do Maralalu i ku mojemu rozczarowaniu dowiaduję się, że jeżdżą tam tylko minibusy, *matatu*. Szkoda, bo zamierzałam następnego ranka wsiąść do tego właśnie autobusu, aby, jak przed laty, przeżyć czterogodzinną podróż do Maralalu. Już samo załadowywanie autobusu było niezwykłym widowiskiem. Te wszystkie rzeczy, pudła, skrzynki, stoły, szafy, materace, kanistry na wodę w jakiś niepojęty, graniczący z cudem sposób ładowano do środka i na dach autobusu. Czasem do pasażerów dołączali też wojownicy w swoich kolorowych ozdobach, z długimi czerwonymi włosami. Wszystko to tworzyło wspaniałą, niepowtarzalną atmosferę.

Właśnie to chciałam poczuć ponownie. Jeszcze raz przyjechać do Maralalu razem z tutejszymi mieszkańcami, zaznać ich spontanicznej radości i pogody. Ta podróż była za każdym razem prawdziwą przygodą: nigdy nie było wiadomo, kiedy i czy w ogóle dojedzie się do celu. Ileż to razy zdarzyło się, że autobus utknął w błocie i trzeba było naścinać gałęzi w buszu, podłożyć pod koła, by w końcu ruszył. Robiłam to nie raz i nie raz jako jedyna biała pasażerka razem z Afrykanami siedziałam w przydrożnym rowie, na kompletnym pustkowiu, czekając, aż w końcu ruszymy dalej.

Szkoda, że nie ma już tego autobusu, z którym łączy mnie tyle wspomnień. Chcąc nie chcąc, pojadę dalej wygodnie wynajętym land cruiserem. Po raz ostatni spoglądam na plac i ruszamy do hotelu Thomson's Falls Lodging, w którym w tej okolicy zwykle nocują biali. To skromny, ale bardzo przyjemny hotel. Już przy wjeździe witają nas miejscowe kobiety, nawołując ze swoich sklepików z pamiątkami: *Jumbo customer, how are you? I'm Esther. Come to my shop!*. Nadbiega jeszcze kilka kobiet, każda chce, żebyśmy zapamiętali jej imię i jutro przyszli do jej sklepu na zakupy. Jest tylko jeden mały problem. Jutro jest niedziela i kobiety od dziewiątej rano do trzeciej po południu są w kościele. Ale przecież powinniśmy poczekać, nie możemy sprawić im zawodu. Niestety, nie możemy zostać dłużej – moja rodzina w Barsaloi już czternaście lat czeka na mój powrót.

Na krótko przed wyruszeniem w dalszą drogę oglądamy słynne Wodospady Thomsona. Woda spada tu z wysokości 72 metrów. Przedtem wielokrotnie jeździłam tą trasą, ale nigdy nie przyszło mi do głowy, aby zatrzymać się w celach turystycznych.

Po obejrzeniu wodospadów opuszczamy teren kompleksu turystycznego, nie zwracając niczyjej uwagi, ponieważ sklepy z pamiątkami są jeszcze zamknięte. Jestem podekscytowana podróżą, gdyż naszym dzisiejszym celem jest Maralal. Jeśli wszystko pójdzie zgodnie z planem, to spotkamy się tam z Jamesem. W ostatnim liście zaproponował, że wyjedzie nam na spotkanie i będzie nas pilotował na nowej drodze do Barsaloi.

Bardzo się cieszę na spotkanie z nim i jestem ciekawa, jakie przekaże mi nowiny. Najważniejsze jest oczywiście to, co o moim przyjeździe myśli Lketinga. Cieszy się i czeka, czy raczej powinnam się liczyć z tym, że atmosfera będzie napięta? Bo chociaż Lketinga ożenił się ponownie, z kobietą ze swojego plemienia, jestem przekonana, że ciągle traktuje mnie jak swoją żonę. Po prostu nie umiem sobie wyobrazić, jak zareaguje na mój widok. Mam nadzieję, że spotkamy się z Jamesem i on rozwieje moje wątpliwości.

Początkowo jedziemy jeszcze kilka kilometrów asfaltówką, która urywa się gwałtownie przy wsi Rumuruti i przechodzi w zwykłą nieutwardzoną drogę. To już kraina Samburu. Roślinność zmienia się jak nożem uciął. Dotychczas jechaliśmy przez tereny zielone, pastwiska i obszary rolnicze. Teraz wokoło rozciąga się wybitnie sucha kraina, a kolor ziemi zmienia się stopniowo z beżowego na czerwony. Robi się coraz goręcej.

O bitej szosie nie ma co marzyć, są tylko wyboiste, pełne dziur wiejskie drogi. Porządnie nas trzęsie i zarzuca na wybojach, a samochody zostawiają za sobą ogromną chmurę kurzu. Na uwagi moich towarzyszy dotyczące stanu drogi odpowiadam ze śmiechem, że przed czternastu laty było znacznie gorzej. Mnie się to trzęsienie i podskakiwanie podoba i nic nie jest w stanie popsuć mi radości. Przypominam sobie, ile razy jechałam tą okropną, zdradliwą i pełną zasadzek drogą, i pod wpływem nagłego impulsu proszę kierowcę, żeby pozwolił mi poprowadzić. Skoro już nie ma na tej trasie wielkiego autobusu, to przynajmniej chcę sobie przypomnieć, jak to było w moim rozklekotanym landroverze. Auto trzęsie się i podskakuje, a ja muszę bardzo uważać, żeby w porę wymijać przynajmniej większe wyrwy.

Kątem oka rejestruję w pewnym oddaleniu od drogi pierwsze *manyatty*. Co jakiś czas na kilka metrów przed samochodem pojawiają się białe kozy. Podczas gdy zwierzęta powoli schodzą z drogi, strzegące ich dzieci gapią się na nas z zaciekawieniem. Chłopcy stoją ze swoimi pasterskimi kijami, przełożonymi za plecy i przeciągniętymi poziomo przez zgięte w łokciach ręce. Młodsze dziewczynki śmieją się i machają do nas, do *mzungu*, białych, w samochodach. Mniej więcej po dwóch godzinach dojeżdżamy do niewielkiej wsi, którą można poznać jedynie po kilku sklepikach po obu stronach szosy. Naturalnie widać też kolorowo ubranych ludzi, którzy przed nimi stoją. Nie! Coś jeszcze zapowiada bliskość ludzkich osiedli, coś, czego dawniej nie było: plastik! To smutne, że plastik podbił i Kenię.

Widać to już na 500 metrów przed każdą wsią. Najpierw tylko pojedyncze niebieskie, różowe lub całkiem przejrzyste, małe, plastikowe torebki wiszą tu i tam na niskich krzewach. Lecz im bliżej wsi, tym gorzej – niewielkie ciernistе krzewy są dosłownie upstrzone gęsto ponabijanymi na kolce plastikowymi torbami. Patrząc z daleka, można by pomyśleć, że to kwitnące krzewy. Smutna prawda szybko wychodzi na jaw, gdy tylko podjechać bliżej. Za moich czasów w Kenii nie było plastiku. A jak już ktoś zdobył plastikową torebkę od turysty, to strzegł jej jak oka w głowie i używał wielokrotnie. Teraz takie torby setkami wiszą na krzakach!

MARALAL

Na krótko przed dotarciem do celu naszej dzisiejszej wyprawy przekazuję kierownicę szoferowi, gdyż chcę podczas wjazdu do Maralalu móc wszystko objąć wzrokiem. Szybko zauważam, jak bardzo w ciągu tych lat rozrosła się ta miejscowość. Są tu teraz nowe ulice i drogi, co prawda jeszcze nieutwardzone, tylko gruntowe, jest nawet rondo, a przy nim – nie wierzę własnym oczom – nowoczesna stacja benzynowa! Ze sklepem, jak w Szwajcarii! Zaraz też przekonuję się, że w Maralalu są teraz trzy stacje benzynowe i w każdej chwili można zatankować. Rzecz nie do wyobrażenia za moich czasów w Kenii! Nigdy nie wiedziałam, kiedy jedyna tutaj stacja benzynowa znowu dostanie paliwo. Czasem musieliśmy czekać cierpliwie aż cały tydzień, aby z 200-litrowym pojemnikiem móc wrócić do Barsaloi niebezpieczną drogą przez busz. W domu za każdym razem pojawiało się pytanie, jak i gdzie przechować tę beczkę z niebezpieczną zawartością, bo przecież w obrębie *manyatt* ciągle coś się robiło na odkrytym ogniu. Dzięki Bogu i w tej sprawie zawsze pomocny był ojciec Giuliano. No a dzisiaj – trzy stacje. Jakież to ułatwienie dla posiadaczy samochodów. Co prawda wtedy, gdy tu mieszkałam, w okolicy nie było więcej niż dziesięć aut!

Przejeżdżamy powoli obok targowiska, które niespecjalnie się zmieniło od moich czasów. Drewniane budy stoją jedna obok drugiej, wszędzie powiewają na wietrze piękne, kolorowe masajskie chusty, zasłony i koce. Za targiem, tak jak wtedy, stoi budynek poczty. Później będę miała okazję przekonać się, że mają tam cztery komputery – misjonarze i byli uczniowie mogą dzięki nim przez Internet łączyć się ze światem.

Jedziemy bardzo wolno, żeby zauważyć Jamesa. Zdenerwowana proponuję, byśmy najpierw zrobili rundę przez Maralal, bo przecież wyróżniamy się jako biali, wszyscy od razu nas zauważą i dzięki temu James na pewno dowie się o naszym przybyciu.

Centrum Maralalu wygląda jak dawniej, ale na obrzeżach miasteczko rozrosło we wszystkich kierunkach. Przejeżdżamy obok dawnego domku Sophii, i od razu ogarnia mnie fala wspomnień. Myślę o Sophii, mojej dobrej, wspaniałej przyjaciółce z tamtych lat. Miałyśmy szczęście w tym samych czasie chodzić w ciąży i w tym samym tygodniu urodziłyśmy nasze córki. Byłyśmy pierwszymi białymi kobietami, które w tej okolicy urodziły dzieci. Mogłyśmy dzięki temu mieć dla siebie osobny pokój w szpitalu w Wambie. Sophii i jej włoskiej sztuce kulinarnej zawdzięczam, że w ostatnim miesiącu ciąży udało mi się utyć niezbędne dziesięć kilo, by przy porodzie mieć minimalną wagę siedemdziesiąt kilogramów. Dzisiaj, przy wzroście 1,80 m, ważę o wiele więcej. Jak by to było wspaniale zobaczyć Sophię i jej córkę!

Po objechaniu Maralalu parkujemy przed schroniskiem, w którym zawsze nocowałam, kiedy przed laty przyjeżdżaliśmy tutaj z Lketingą. Ledwie zdążyliśmy wysiąść, a już obstępuje nas przynajmniej ośmiu młodych mężczyzn i oferuje różne towary do sprzedaży. Jeden z nich napomyka, że przed kilku tygodniami właśnie tutaj kręcono film *Biała Masajka*. Czy my też znamy tę historię? Inny potakująco kiwa głową i pyta, czy przypadkiem nie należymy do tej ekipy filmowej. Spogląda przy tym na mnie badawczo. Zaprzeczamy i wchodzimy do restauracji.

Jest urządzona inaczej, niż zachowałam to w pamięci. Na środku króluje podobny do baru kontuar, otoczony metalową siatką. Przez niewielki otwór dostajemy zamówioną colę. Mężczyźni nadal nas nie odstępują, od niektórych zalatuje piwem. Pytają mnie o imię, a ja rzucam pierwsze lepsze, jakie przychodzi mi do głowy. Nie chcę, żeby mnie rozpoznano jako prawdziwą białą Masajkę, zwłaszcza że nie wiem, jak tutaj, w Maralalu, przyjęto ekipę filmową. Ale co będzie, jeśli nagle pojawi się tu James?

Dla odwrócenia uwagi pytam o *samosa*, tutejsze pierożki nadziewane mięsem. Jeden z mężczyzn natychmiast rzuca się do wyjścia i już po kilku minutach jest z powrotem. Kładzie na stół dziesięć pierożków zawiniętych w starą gazetę. Z przyjemnością pałaszuję trzy, ale moim towarzyszom, Albertowi i Klausowi, widok zatłuszczonego drukowanego papieru najwyraźniej odbiera apetyt.

Gdzie też podziewa się James? Czekamy prawie pół godziny, a jego wciąż nie ma. A jeśli nie dostał mojego ostatniego listu? Co prawda, nie podałam konkretnego miejsca spotkania, bo przecież Maralal zachowałam w pamięci jako słabo zabudowane miasteczko.

Tymczasem na naszym stole, między pierożkami, piętrzą się już najróżniejsze miejscowe pamiątki dla turystów. Cała sterta ręcznie wykonanych masajskich ozdób, małe drewniane podpórki pod głowę, a także *rungu*, wielkie pałki wojowników. Zaczyna się robić nieprzyjemnie. Płacimy horrendalną, jak na tutejsze warunki, cenę za pierożki, a tymi, które zostały, częstujemy innych gości. Wychodzimy. Jamesa dalej nie widać, toteż postanawiamy pojechać do Safari Logde, żeby spokojnie zająć zamówione pokoje.

Z tym hotelem łączą się szczególnie miłe wspomnienia. To tutaj siedziałam na tarasie, kiedy po raz pierwszy przyjechałam do Maralalu, aby szukać mojego przyszłego męża. Godzinami przyglądałam się zebrom, małpom i dzikim świniom przy wodopoju i zadawałam sobie pytanie, za którym to wzgórzem może mieszkać ten tajemniczy wojownik, i czy przeczuwa, że ja jestem tutaj, w pobliżu. Z paroma fotografiami w ręku biegałam codziennie po Maralalu i każdego przybyłego mężczyznę w tradycyjnym stroju pytałam o Lketingę. Dziesiątego dnia moje wysiłki i modlitwy zostały wynagrodzone. Mogłam wziąć w ramiona tego pięknego mężczyznę, największą miłość mojego życia. Nasze losy połączyły się.

Później mąż przywiózł mnie jeszcze raz do tego hotelu, kiedy z powodu malarii byłam tak osłabiona, że ledwie mogłam utrzymać się na nogach. Ponieważ od tygodni mój organizm nie był w stanie przyswoić żadnego jedzenia, zrozpaczony Lketinga postanowił przywieźć mnie tu, gdzie są sałatki, chleb, kanapki – jedzenie, do którego przyzwyczajeni są biali. I rzeczywiście, po tylu miesiącach mąki kukurydzianej i koziego mięsa, zwykła kanapka z serem i szynką postawiła mnie na nogi. Ale po moim pierwszym pobycie w tym hotelu już nigdy więcej w nim nie nocowałam.

Spotkanie z Jamesem

Otrząsam się ze wspomnień i idę do samochodu zabrać bagaż. Nagle słyszymy głośny warkot i po chwili ktoś podjeżdża na motocyklu. James! Poznaję go od razu. Nie wierzę własnym oczom: James na motorze! Zsiada i uważnie opiera na podpórce niewielki terenowy motocykl. Zdejmuje czapkę i biegnie do mnie z wyciągniętymi ramionami, mimo upału, tkwiącymi w rękawach grubej kurtki. James śmieje się jak mały chłopiec i już po chwili padamy sobie w objęcia. Co za radość!

Przez te wszystkie lata mieliśmy ze sobą jedynie kontakt listowny. To dzięki Jamesowi udało mi się zachować łączność z rodziną – bez niego nie byłoby to możliwe. Przez kilka minut tylko śmiejemy się do siebie. Zaskoczona patrzę na Jamesa – tak bardzo się zmienił! Kiedy widziałam go ostatnim razem, był zaledwie siedemnastoletnim chłopakiem, dzisiaj to dojrzały mężczyzna.

James wita się wylewnie z moim wydawcą, którego już przecież zna, i z Klausem. Podekscytowany opowiada, że w ostatniej chwili dostrzegł nasze samochody w Maralalu i natychmiast popędził za nami. Ale my po prostu nie widzieliśmy go we wstecznym lusterku! No tak, przecież samochody wzbijają tumany kurzu, a poza tym nie spodziewaliśmy się, że on przyjedzie na motorze.

Po tym serdecznym przywitaniu idziemy wszyscy na taras i zaczyna się opowiadanie. Ciągle jeszcze przyglądam się Jamesowi: jest nieco wyższy ode mnie, a jego twarz jest pełniejsza niż dawniej, przez co oczy wydają się mniejsze. Ubrany jest na sportowo i bardzo ciepło, na nogach ma mocne buty, takie do pieszych wędrówek. W tej okolicy nigdy jeszcze nie widziałam tego typu obuwia. Dawniej tutejsi mieszkańcy chodzili przeważnie w sandałach wyciętych ze starych opon samochodowych albo w butach z plastiku.

James ze śmiechem opowiada, że całe Barsaloi czeka na nasze przybycie, a mama mówi, że nie uwierzy w nasz przyjazd, dopóki nie staniemy przed jej *manyattą*. Mama bardzo się cieszy, zawsze wiedziała, że jeszcze kiedyś mnie zobaczy.

Gadamy i gadamy. W pewnej chwili Albert pyta o motocykl. James cały się rozjaśnia w uśmiechu. Widać, że jest dumny ze swojego nabytku. Tylko on i jego dawny kolega szkolny dorobili się motorów. Dla Jamesa to wielkie ułatwienie własnym motocyklem dojeżdżać do pracy i wracać do domu. Co prawda, może sobie na to pozwolić tylko w weekendy ze względu na wysoki koszt utrzymania pojazdu i na cenę benzyny. James jest dyrektorem niewielkiej szkoły oddalonej o kilkanaście kilometrów od Barsaloi. Jedzie się tam około 45 minut. Aż trudno uwierzyć, że kierownik szkoły nie może sobie pozwolić na codzienny dojazd do domu własnym motocyklem! Ale to jest północna Kenia, terytorium Samburu, i dla Jamesa to całkiem normalne. Jest szczęśliwy, że w ogóle ma motocykl.

Mnie James wypytuje przede wszystkim o Napirai. Dlaczego nie przyjechała ze mną? Ile ma wzrostu? Czy pyta o swoją afrykańską rodzinę? Czy lubi chodzić do szkoły? I czy kiedyś tu przyjedzie? Dosłownie zasypuje mnie pytaniami.

Nie na wszystkie da się tak od razu odpowiedzieć. Szczerze i otwarcie mówię Jamesowi, że chcę się tu najpierw sama dobrze rozejrzeć, potem pokazać Napirai zdjęcia i filmy, i stopniowo zachęcić ją do wizyty. Jeśli wszystko pójdzie dobrze, Napirai z pewnością przyjedzie ze mną następnym razem.

Czas szybko mija i już prowadzą nas do stołu, na kolację. Jesteśmy jedynymi gośćmi. Wtedy, przed laty, też nie spotkałam tu żadnych turystów, a mimo to hotel nadal działa. Nie wiem na jakiej zasadzie, to dla mnie zagadka. James jest tu po raz pierwszy, z zainteresowaniem spogląda na sztućce po prawej i lewej stronie talerza.

Na przystawkę podają tosty z grzybami, co wzbudza moją wesołość, gdyż wiem, że Samburu nie jadają grzybów. James pyta ostrożnie, co to takiego i nieco zakłopotany spogląda na talerz. Dostaję takiego ataku śmiechu, że prawie nie mogę mówić. Ciągle mam w uszach słowa Lketingi: „To, co jedzą biali, to nie jest porządne jedzenie. Tym się nie ma jak najeść" – powtarzał i zawsze się wtedy okropnie krzywił. A teraz James siedzi z podobną miną przed swoim tostem. W końcu jakoś się opanowuję i mówię mu, co to jest. James na to, że w porządku, w takim razie spróbuje: „W końcu jestem gościem, a jak się jest gościem, to się je to, co podadzą".

Po paru minutach biorę jednak od niego ten tost, kiedy już podają następne danie – zupę pomidorową. Zupa bardziej mu smakuje, chociaż i takiej potrawy nie zna. W końcu na stole pojawia się mięso. To już coś bardziej dla Jamesa, chociaż z jego punktu widzenia trochę za mała ta porcja. Za to deser, mus czekoladowy, którego także nigdy nie jadł, zupełnie nie przypada mu do gustu.

Podczas jedzenia dużo się śmiejemy i gadamy, gadamy, gadamy. Wypytuję o Lketingę. *He is not bad in this time* – odpowiada James. Lketindze dobrze się teraz powodzi, przed miesiącem poślubił nową żonę, młodą dziewczynę. Jestem zaskoczona, gdyż w żadnym z ostatnich listów James nie wspominał o takim zamiarze brata. Teraz zaś wyjaśnia mi, że Lketinga zdecydował się dopiero niedawno na kolejne małżeństwo. Jego pierwsza – a po mnie to właściwie druga – żona ciągle choruje, kilka razy poroniła. Jak dotąd Lketinga ma tutaj, w Kenii, tylko jedno dziecko – córkę Shankayon. A chciałby mieć więcej potomstwa – i wystarczająco długo na to czeka. Chora żona od kilku miesięcy nie mieszka w Barsaloi, wróciła do siebie, do matki.

To naprawdę nowe, zaskakujące i nieoczekiwane wiadomości. Zaczynam się nieco obawiać, czy moje przybycie nie spowoduje dodatkowych napięć i problemów. Kiedy dzielę się z Jamesem tymi wątpliwościami, ten odpowiada ze śmiechem: „Ależ skąd, przecież nie ma w tym nic nadzwyczajnego!".

Dodaje, że Lketinga nie chciał na mój przyjazd wystąpić sam, bez żony. Bo może to by zrobiło na mnie złe wrażenie. A ponieważ tak czy owak chce mieć więcej dzieci, takie rozwiązanie jest najlepsze. Co prawda uważam, że pierwsza część tego uzasadnienia jest nieco naciągana, ale i tak cieszę się, że Lketinga ma u boku żonę ze swojego plemienia. Najprawdopodobniej jest to bardzo młoda dziewczyna, niewiele starsza od naszej córki Napirai!

Dla nas, Europejczyków, to nie do wyobrażenia. Lecz w kulturze Samburu mężczyzna często po prostu nie ma innego wyboru, jak tylko poślubić bardzo młodą kobietę. Dziewczęta nierzadko są wydawane za mąż za mężczyzn starszych nawet o czterdzieści lat, a gdy mąż umrze, kobiecie, nawet jeśli ma dopiero dwadzieścia lat, nie wolno już poślubić innego. Co prawda, wdowom nadal wolno rodzić dzieci. Noszą one wówczas nazwisko rodzinne zmarłego męża, ale nigdy nie dowiadują się, kto jest ich rzeczywistym ojcem – o tym się po prostu nie mówi. U Samburu nie istnieje małżeństwo z miłości. Małżeństwo Lketingi i moje to było coś wyjątkowego. Wiem, że dzięki temu Lketinga przeżył coś niezwykłego i pięknego, ale z drugiej strony wprowadziłam do jego życia niepokój, niepewność i zamęt.

A jak ułoży mu się z nową żoną? Bardzo jestem ciekawa. Drugą żonę Lketingi znałam osobiście. Jako młoda dziewczyna często zaglądała do naszego sklepu i kupowała żywność. Po latach rozpoznałam ją na filmie wideo, nakręconym przez ojca Giuliana na naszym weselu. Bardzo mnie to ucieszyło. Byłoby miło zobaczyć ją znowu. Teraz to już nie dziewczyna, tylko młoda kobieta, no i matka siostry przyrodniej Napirai.

Przechodzimy do pokoju z kominkiem i sączymy ostatni kieliszek wina. James nie pije, zadowala się colą – nie zna wina, a poza tym musi przecież wrócić do Maralalu na motocyklu.

Przyjemnie jest tak siedzieć i patrzeć na ogień trzaskający w kominku. Słucham, jak James opowiada Albertowi i Klausowi o swoim pierwszym spotkaniu ze mną – w Maralalu, przed szkołą.

To było po tym, jak wreszcie udało mi się odszukać Lketingę, który zaprowadził mnie wtedy do tej szkoły, by przedstawić swojemu bratu i powiedzieć mu, że jedziemy do Mombasy. James miał ledwie czternaście lat; pamiętam, jaki był nieśmiały. Posłano po niego. Przyszedł i stał przed nami ze spuszczonymi oczyma, prawie nie podnosząc wzroku.

Teraz James próbuje opisać, co wtedy myślał: „Byłem bardzo onieśmielony, nie wiedziałem, o co chodzi, pomyślałem, że ta biała kobieta to mój sponsor. Wiedziałem, że jakaś Amerykanka finansuje naszą szkołę i zastanawiałem się, skąd się tu nagle wzięła. Po co przyjechała? Co to ma znaczyć? Byłem bardzo zdenerwowany. Uspokoiłem się trochę dopiero, jak Lketinga mi powiedział, że Corinne jest jego kobietą i przyjechała tu, żeby go odszukać. Aha, pomyślałem, o to chodzi. Ale nie powiem, żeby mnie to ucieszyło. Przecież to czyste szaleństwo: mój brat z białą kobietą! I oni mają zamieszkać u mojej matki! Będą problemy. Przecież Lketinga nigdy nie chodził do szkoły, nie wie nic o świecie białych. A i wszyscy inni w rodzinie też znają tylko tradycyjne życie Samburu. Gdyby mój brat chodził do szkoły, to co innego, ale tak... Pomyślałem, że z tego będą tylko kłopoty. Lketinga, starszy przecież ode mnie, był już wtedy wojownikiem. Mnie, jeszcze nieobrzezanemu uczniakowi, nie wypadało mówić wojownikowi, co o tym wszystkim myślę. No tak, a pierwsze problemy pojawiły się od razu w Mombasie, i już w kilka tygodni później Corinne znowu stała przed szkołą – tym razem sama. Znowu szukała mojego brata, który był wtedy chory. Chciała, żebym zawiózł ją do Barsaloi, do mojej rodziny. Obiecałem, że jej pomogę, chociaż byłoby mi trudno opuścić szkołę na kilka dni. U nas wyjeżdża się ze szkoły tylko na ferie albo gdy w domu ktoś umarł. Ale Bogu dzięki Corinne poradziła sobie wtedy sama!". James spogląda przy tym na mnie ze śmiechem.

Tak to wyglądało z jego perspektywy. Z wielu rzeczy nie zdawałam sobie sprawy, dowiaduję się o tym dopiero teraz. Ale gdy James opowiada, cały ten czas przesuwa mi się przed oczami – wspomnienia są takie żywe.

To już jutro. Znowu wyruszę z Maralalu do Barsaloi i po raz pierwszy od czasu mojej ucieczki przed czternastu laty ujrzę Lketingę. Jakoś nie mogę się pozbyć mdłego, jątrzącego uczucia niepewności. Ogień na kominku zgasł, a my jesteśmy porządnie zmęczeni długą drogą i pierwszymi emocjami. Ustalamy, że spotkamy się z Jamesem jutro rano przed pocztą i razem wybierzemy po zakupy.

Rozchodzimy się do swoich pokojów. Także tutaj w kominkach pali się ogień i jest przytulnie. Wślizguję się pod moskitierę, czekam na sen. Ale dopiero teraz, gdy wokoło jest tak spokojnie i cicho, dociera do mnie, jak bardzo jestem wzburzona. Sen nie chce nadejść, a ja czuję, jak ogarnia mnie dziwny smutek. Im dłużej rozmyślam, tym bardziej zaczynam się bać, że jutro, gdy zobaczę mamę i Lketingę, to się po prostu rozpłaczę – a według obyczajów Samburu nie jest to dobry znak. Łzy wylewa się tylko, gdy ktoś umrze.

Wstaję z łóżka, wychodzę na dwór i siadam przed drzwiami. Wsłuchuję się w noc. Już wkrótce będzie pełnia. Wszędzie coś chrzęści, trzaska i chroboce w krzewach, ale nie widzę, co to takiego. Jakaś małpa w pobliżu wydaje krótki, wściekły wrzask i nagle z oddali dolatuje mnie śpiew wojowników. Gdzieś za wzgórzami zebrało się kilkadziesiąt osób, wojowników i dziewcząt, i tańczą w świetle księżyca. Wiatr to przywiewa, to znów tłumi dźwięki. Od czasu do czasu słyszę wyraźnie tupanie stóp, przerywane niekiedy krótkim, ostrym okrzykiem. Siedzę, nasłuchuję i wyobrażam sobie, jak to pięknie przystrojeni wojownicy podskakują w tym tańcu wysoko w górę, a dziewczęta wtórują im, potrząsając w takt głowami i ciężkimi ozdobami na szyjach. Przyglądałam się temu rytuałowi nie raz, kiedy tańczył mój mąż, i zawsze było to ekscytujące i poruszające przeżycie.

Smutek i lęk powoli ustępują, a ja czuję, jak ogarnia mnie poczucie szczęścia, spokoju i wolności. Teraz jestem gotowa na jutrzejsze spotkanie z rodziną i bardzo się cieszę. Zadowolona i odprężona, wślizguję się z powrotem pod moskitierę, wygodnie układam na łóżku. Wciągam w nozdrza lekko dymny zapach pokoju i wkrótce zasypiam.

O umówionej godzinie spotykamy się przed pocztą. Natychmiast otaczają nas ci sami przedsiębiorczy młodzi mężczyźni, co wczoraj, i znowu próbują nam coś sprzedać. Ku naszemu zaskoczeniu, Albert, którego dla mojego bezpieczeństwa przedstawiliśmy jako mojego ojca, dostaje w prezencie *rungu*, tradycyjny mocny kij z twardego drewna.

Dopiero kiedy pojawia się James i zamienia parę słów z chłopakami, możemy się w miarę spokojnie rozejrzeć po targu i wybrać dla mojej teściowej piękny, ciepły koc. W bagażu mam już dwa. Jeden dla Lketingi, pomarańczowoczerwony, wiem, jak bardzo lubi ten kolor, i drugi, w kratkę, dla jego starszego brata. Gdy jest chłodno, mężczyźni noszą takie koce także jako odzież. Dla mamy wybrałam koc do *manyatty*, z wełny i bardzo gruby.

Po zakupach na targu jedziemy samochodem do sklepu, gdzie można kupić artykuły spożywcze w większej ilości. Zamawiamy 25-kilogramowe worki z ryżem i mąką kukurydzianą dobrej jakości. Kupujemy tłuszcze spożywcze, herbatę w proszku, słodycze, mydło i jeszcze parę rzeczy. W sklepie obok sprzedają warzywa i owoce. Bierzemy po kilka kilogramów pomidorów, marchwi, kapusty, cebuli i pomarańczy. Musimy też kupić coś dla siebie, bo przecież nie chcemy jeść tylko koziego mięsa.

Na krótko przed odjazdem James biegnie do sklepu tytoniowego i kupuje 3 kilogramy tytoniu do żucia. Starzy ludzie uwielbiają ten tytoń, można powiedzieć, że jest dla nich niemal ważniejszy od jedzenia. Zabieramy do samochodu jakąś miejscową kobietę, pięknie przystrojoną w tradycyjne ozdoby. Nasza pasażerka nie posiada się z radości, że długą drogę powrotną może odbyć samochodem. Tutaj do zwyczaju należy podwożenie obcych osób, jeśli tylko w samochodzie jest miejsce.

Z MARALALU DO BARSALOI

Wreszcie wyruszamy. James jedzie przed nami na motocyklu. Do Barsaloi prowadzi nowa droga. Stara jest już kompletnie nieprzejezdna. Szkoda, bo chętnie bym ją pokazała moim towarzyszom. Nową drogę udostępniono dopiero przed paroma miesiącami i dlatego jest jeszcze w niezłym stanie, miejscami jedzie się nawet całkiem przyjemnie. Gdy tu mieszkałam, trzeba było męczyć się z pięciogodzinnym objazdem przez Baragoi.

Pokonujemy ostatnie kałuże i pełne błota dziury. Droga szybko zaczyna piąć się w górę. Motocykl Jamesa zostawia za sobą gęstą, czarną smugę spalin. Od czasu do czasu mijamy nadchodzących z przeciwnej strony mężczyzn i kobiety. Idą do miasteczka.

Kobiety niosą na głowach tykwy z mlekiem na sprzedaż. Dla tego niewielkiego zarobku wędrują codziennie po kilka godzin.

Tykwy są lekkie i używane od niepamiętnych czasów. To zdrewniałe okrywy owoców tykwy pospolitej, inaczej – kalebasy, rośliny z rodziny dyniowatych. Czasem podobne naczynia wyrabia się także z drewna. Masajowie i Samburu przyczepiają do nich skórzane paski, wyszywane kolorowymi paciorkami albo ozdobione małymi muszelkami. Żeby tykwy nadawały się do wielokrotnego użycia, kobiety co wieczór wykadzają je żarzącym się drewnem i w ten sposób dezynfekują. Mleko pachnie przez to nieco dymem. Pamiętam, że właśnie dlatego bardzo mi to kozie mleko smakowało. Pijałam je zawsze w *manyatcie* mamy.

Mężczyźni prowadzą na postronkach jedną albo kilka kóz, czasem też krowę. Chcą te zwierzęta sprzedać w Maralalu. Jednak Samburu rozstają się z nimi tylko wtedy, gdy gwałtownie potrzebują pieniędzy na rytualne uroczystości, wesele albo opłacenie szpitala.

Po niedługim czasie nasi kierowcy wrzucają napęd na cztery koła, ale i tak droga jest ciągle jeszcze komfortowa w porównaniu do tej starej wiodącej przez busz. Nie grożą nam słonie ani bawoły, które mogłyby nagle wyjść z lasu i zablokować drogę. Po dobrej godzinie docieramy do małej wioski Opiroi. Przed *manyattami* siedzą kobiety z dziećmi i patrzą na nas. Maluchy, niektóre całkiem nagie, inne znów w samych koszulkach, machają do nas z pobocza. Na niewielkim wiejskim placyku dominuje na pół ukończony kościół. Nie zatrzymujemy się, jedziemy dalej, gdyż chcemy jak najszybciej znaleźć się w Barsaloi. Ciągle przejeżdżamy przez wyschnięte koryta niewielkich potoków. Woda jest tutaj towarem deficytowym.

Ku mojemu zdumieniu widzę liczne wielbłądy, które nieśpiesznie uciekają w krzewy – jak w zwolnionym tempie. Wygląda na to, że Samburu hodują dzisiaj dużo tych zwierząt.

Wjeżdżamy na wzniesienie między dwoma kamienistymi wzgórzami. Gdy tylko przez nie przejedziemy, mieszkańcy Barsaloi zorientują się po chmurach pyłu na horyzoncie, że zbliżamy się do nich, mimo że przed nami jeszcze dobre pół godziny jazdy. Z pewnością będzie na nas czekać pół wsi.

Kiedy zatrzymujemy się po raz ostatni, Klaus proponuje, że pojedzie przodem. Będzie mógł wtedy w spokoju przygotować się do sfilmowania mojego wjazdu i powitania. James zgadza się na jego pomysł. Mówi, że spróbuje wytłumaczyć to Lketindze. Tymczasem Albert i ja moglibyśmy, zanim dojedziemy do dużej rzeki pod Barsaloi, obejrzeć szkołę. Zaczęto ją budować niedługo przedtem, zanim opuściłam wieś. Poza fundamentami nie było tam wówczas niczego. Jak się później przekonamy, dzisiaj także wszystkiego brakuje, ale dzieci z okolicy mają przynajmniej własną szkołę.

Wkrótce po odjeździe Klausa nachodzą mnie wątpliwości i ogarnia niemiłe uczucie. Co powie Lketinga, kiedy stanie przed nim jakiś nieznany mężczyzna, w dodatku uzbrojony w kamerę filmową? A inni mieszkańcy wsi? Co sobie pomyślą? Większość z nich nie wie, co to film, a tu tymczasem Klaus wjedzie z tą swoją kamerą i statywem.

Czuję się trochę nieswojo, ale myślę o Napirai, i to rozprasza moje wątpliwości. Przecież przede wszystkim dla niej chcę dokładnie udokumentować tę podróż. Pragnę, żeby chociaż w ten sposób mogła w tym uczestniczyć. W końcu jej rodzice spotykają się po latach. Napirai nie pamięta tych kilkunastu miesięcy przeżytych w Kenii. Jej korzenie wywodzą się z dwóch różnych kultur, ale wychowała się i żyje tylko w jednej z nich – w kulturze białych. To ja jestem związana uczuciowo z Afryką, a nie ona. Pół-Afrykanka i moja córka. Napirai ma mentalność Europejki, a mimo to nie jest postrzegana jako biała. To wszystko nie jest dla niej łatwe. Chciałabym przywieźć jak najwięcej fotografii z tej podróży, jak najwięcej zarejestrować na taśmie filmowej, aby przybliżyć mojej córce afrykańską rodzinę.

Jedziemy powoli, a ja jestem coraz bardziej niespokojna. Czuję narastające napięcie i ciekawość. W oddali majaczą pierwsze domostwa Barsaloi. Wydaje się, że wieś się nieco rozrosła. A jednak ten widok jest mi tak znajomy i bliski, jakbym opuściła to miejsce całkiem niedawno.

Spomiędzy akacji i kolczastych zarośli wychylają się podłużne budynki szkoły. Powoli podjeżdżamy pod bramę, przed którą czeka już dyrektor, serdecznie nas witając. Stoi przed murem, pokrytym malowidłami. Jedno z nich przedstawia sędziego w todze i birecie. Obok dwoje dzieci gra w piłkę nożną. Na trzecim kolorowym obrazku przedstawiono stół z komputerem, przy którym pracuje elegancko ubrany mężczyzna. Nad malowidłami widnieje hasło: *Walk out productive*. W tym odległym od wszelkiej cywilizacji miejscu, w samym środku sawanny, szczególnie dziwacznie i niestosownie wygląda obrazek z komputerem. Tym bardziej, a wiem to od Jamesa, że często brakuje tu w szkołach nawet najpotrzebniejszych, podstawowych materiałów, takich jak ołówki, zeszyty i papier do rysowania.

Dyrektor oprowadza nas po budynkach szkoły, a ja nie mogę wyjść w podziwu, ile udało się osiągnąć naprawdę niewielkimi środkami. Pomieszczenia klasowe są urządzone skromnie, ale praktycznie. Okna nie są wprawdzie oszklone, ale za to osłonięte drucianą siatką. Największą dumą dyrektora jest mała biblioteka z zaledwie kilkoma książkami. Uczniowie mogą je czytać w świetlicy – surowym pomieszczeniu o nagich ścianach. Do domu książek zabierać nie wolno. W zadymionych *manyattach* szybko uległyby zniszczeniu.

Kilkoro dzieci z zaciekawieniem wygląda przez zabezpieczone siatką okna, ze zdziwieniem przypatrując się białym przybyszom. W rogu szkolnego dziedzińca widzę uczniów, którzy z aluminiowymi talerzami w rękach czekają w kolejce po swoją porcję kukurydzianej papki, *ugali*. Dzieciaki robią wrażenie nieco onieśmielonych, ale pogodnych i zadowolonych. Wiem, że są dumne z tego, że rodzice w ogóle posłali je do szkoły. Ciekawe, co by powiedziała moja córka, gdyby musiała się tutaj uczyć.

Oglądam szkołę z prawdziwym zainteresowaniem i wzruszeniem. Jednak po niedługim czasie żegnamy się z dyrektorem i ruszamy dalej – chcę wreszcie dojechać do wsi i zobaczyć moją rodzinę. Pewnie nie rozumieją, dlaczego jeszcze nie dojechaliśmy, skoro już jakiś czas temu widzieli na horyzoncie zapowiadające nas chmury pyłu.

W końcu samochód zjeżdża powoli ze stromej skarpy Barsaloi River i przeprawiamy się przez 150-metrowe wyschnięte koryto rzeki. Jeszcze tylko parę metrów i będziemy we wsi. Widzę już pierwsze chaty po obu stronach drogi.

Serce bije mi mocno ze wzruszenia, próbuję ogarnąć wzrokiem jak największą przestrzeń. Gdzie jest Lketinga? Gdzie na mnie czeka? Czy jest we wsi, w swojej chacie, osłonięty przed wzrokiem ciekawskich? W Barsaloi jest teraz tak dużo nowych, drewnianych chat, że nie wiem, na co mam patrzeć. Wszędzie stoją zaciekawieni ludzie, a dzieciaki biegną w podskokach za naszym samochodem. Nieco wyżej, po lewej, rozpoznaję budynek misji. Wydaje mi się mniejsza niż dawniej. Brakuje też zielonych bananowców. Za to kościół jest ukończony.

Tam! Nareszcie dostrzegam nasz drugi samochód i motocykl Jamesa. Kierowca zatrzymuje się tuż obok. Kiedy nieco oszołomiona próbuję wysiąść, przez otwarte okno samochodu wyciągają się do mnie jakieś ręce i mocno obejmują moją szyję. Jednocześnie ktoś obcałowuje mi policzki. Słyszę tylko: „Och, Corinne, och Corinne!". Jestem kompletnie zaskoczona i nie wiem, co się dzieje. Nie mam pojęcia, kto mnie tak ściska i całuje. Na pomoc śpieszy mi James, odciągając jakiegoś mężczyznę, najwyraźniej bardzo wzruszonego moim przyjazdem. W każdym razie nie był to Lketinga!

LKETINGA

W końcu mogę wysiąść i rozejrzeć się swobodnie dookoła. Jakieś dwadzieścia metrów przed sobą, pod wielką parasolowatą akacją widzę Lketingę. Stoi, wysoki i dumny, z elegancko skrzyżowanymi nogami, w typowej dla Masajów pozycji. Wiem, że nie ruszy się nawet na krok. Nie wypada, aby dochowujący tradycji Samburu wychodził na spotkanie kobiecie. A więc to ja ruszam w jego stronę, ścigana ciekawskimi spojrzeniami zgromadzonych dookoła mieszkańców wsi. W głowie mam kompletną pustkę. Ani jednej myśli. Słyszę tylko szybkie bicie serca. To zaledwie kilka metrów, a mnie się wydaje, że idę całą wieczność.

Lketinga nadal jest szczupły. Lewą rękę wsparł na biodrze, prawą obejmuje swój długi kij, opierając się na nim z gracją. Biodra ma owinięte czerwoną chustą. Jest ubrany w żółty t-shirt, na który narzucił dużą białą chustę w niebieskie kropki. Na stopach ma sandały wycięte ze starych opon samochodowych. Zawsze takie nosił. Oprócz długiego kija trzyma w ręku tradycyjną pałkę *rungu*. Na prawym biodrze spod koszulki wystaje czerwona pochwa maczety.

Widzę to wszystko, podchodząc do Lketingi, i jednocześnie słyszę jego lekko schrypnięty, łagodny głos, którym woła do mnie: *Hey, you are looking big, very big, like an old Mama!* To powitanie całkiem rozprasza moje onieśmielenie, odpowiadam mu żartobliwie: „Ach, a ty wyglądasz jak stary mężczyzna".

Patrzę mu w oczy. I naraz wszystko zaczyna się dziać samo z siebie. Obejmujemy się, przytulamy i ściskamy mocno, prawdziwie, serdecznie, zupełnie nie zważając na to, że taka forma przywitania w ogóle nie jest tutaj przyjęta. Nasze zachowanie jest całkowicie spontaniczne, niczego nie planowaliśmy, widać tak miało być. Wreszcie uwalniam się z objęć Lketingi. Przyglądamy się sobie uważnie. Lketinga wygląda o wiele lepiej niż przed sześciu laty, kiedy to Albert widział się z nim w Maralalu i przekazał mu moją pierwszą książkę. Zdjęcia z tego spotkania, które potem oglądałam, były dla mnie prawdziwym wstrząsem. Dzisiaj rozpoznaję na twarzy Lketingi jego dawną urodę. Ma przepiękny profil, delikatnie wymodelowane rysy twarzy, nieduży nos, a usta pięknie wykrojone i pełne. W uśmiechu pokazuje białe zęby z charakterystyczną przerwą pośrodku. Kości policzkowe wystają trochę mocniej niż dawniej, przez co policzki wydają się nieco zapadnięte. Na wysokim czole widać już kilka pierwszych zmarszczek, za to krótkie, kręcone włosy Lketingi są jeszcze prawie całkiem czarne. W uszach, których płatki są zgodnie z tradycją Samburu przekłute i wyciągnięte w duże otwory, połyskują srebrzyście niewielkie, metalowe kółeczka.

Gdy tak stoimy, rozmawiając i żartując, Lketinga chwyta mnie nagle za prawą rękę, na której mam srebrną bransoletkę i przypatrując się jej, pyta nieco zdziwiony: „*What is this?* Dlaczego nie nosisz już bransoletki, którą dałem ci na ślub? Co to za bransoletka, co to znaczy?". Jestem trochę zaskoczona jego dziwną reakcją, ale mimo zakłopotania staram się go uspokoić i odpowiadam z uśmiechem: „Sam powiedziałeś, że jestem gruba. Musiałam zdjąć naszą bransoletkę, za bardzo uciskała mi rękę". Ale Lketinga tylko potrząsa głową, wyraźnie widać, że nie może tego pojąć.

Stoimy i patrzymy na siebie, a ja jestem tak poruszona, że łzy napływają mi do oczu. O Boże, tylko nie to! Spoglądam w bok, usiłując ukryć wzruszenie. Ale Lketinga już to zauważył i znowu bierze mnie za rękę: „*Don't cry!* Czemu płaczesz? To nie jest dobrze". Oddycham głęboko, zagryzam wargi i staram się opanować. Nie wolno mi tu płakać, przed tymi wszystkimi ludźmi! Dorosłe kobiety nie płaczą. Żeby jakoś rozładować napięcie, pytam o mamę. Lketinga kiwa głową i mówi: „*Okay, okay,* potem zaprowadzę cię do mamy. *Pole, pole* – powoli, powoli".

Dopiero teraz kątem oka zauważam Klausa, który stoi nieco z boku i wszystko filmuje. Zupełnie o nim zapomniałam! Po chwili podchodzi do nas Albert i mój były mąż wita się z nim uściskiem dłoni, uśmiechając się szeroko. Widać po Lketindze, jak bardzo jest dumny z jego odwiedzin.

Lketinga porusza się spokojnie, jego ruchy są pełne gracji. Jedyną nerwową osobą jestem tu chyba ja. Mimo to zdumiewa mnie, jak łatwo, naturalnie, lekko i przyjemnie rozmawia mi się z Lketingą. Jak gdyby nie było tych wszystkich lat między nami. Od razu gładko przeszliśmy na "nasz język": prosty angielski, przeplatany słowami z języka Masajów. Żartujemy i przekomarzamy się, a Lketinga pyta, dlaczego ufarbowałam sobie włosy na czerwono. Przecież jestem teraz *an old mama!*

Nagle jego oczy ciemnieją, a między brwiami pojawia się owa charakterystyczna, groźna zmarszczka, która dawniej zawsze zapowiadała coś niedobrego. Lketinga pyta poważnym głosem: "Gdzie jest moje dziecko? Dlaczego nie przyjechała tu moja córka?".

Serce na moment zamiera mi w piersi i zaraz zaczyna bić jak oszalałe. Patrzę Lketindze prosto w oczy i mówię, że Napirai chodzi do szkoły, musi się dużo uczyć i teraz nie mogła mi towarzyszyć. Ale na pewno kiedyś przyjedzie do Barsaloi. Na twarzy Lketingi pojawia się wyraz odprężenia, lecz ciągle jeszcze patrzy na mnie badawczo, a potem mówi: *Okay, it's okay. I wait for my child. I really hope, that she will come.*

Rozglądam się dookoła i widzę starszego brata Lketingi – tatę Saguny. Razem z kilkoma innymi mężczyznami siedzi w cieniu długiego budynku niedaleko nas i patrzy w moją stronę. Ucieszona macham do niego, na co wstaje i podchodzi do nas. Witamy się szczerym, ale pełnym respektu uściskiem dłoni. Brat Lketingi jest głową rodziny, gdyż ich ojciec już nie żyje, a zatem liczy się jego słowo – jako najstarszego. Tata Saguny mówi tylko w języku *maa* i dlatego nigdy nie nawiązaliśmy bliższych stosunków. Ale teraz, przy powitaniu, uśmiecha się. Przyjmuję to z ulgą i wdzięcznością. Wtedy tak naprawdę nie wiedziałam, czy mnie lubi i akceptuje, czy też nie. W pewnym sensie zawsze wydawał mi się najdzikszy, najmniej przystępny w całej rodzinie. Kiedy mówi swoim ostrym, ochrypłym głosem, zawsze ma się wrażenie, że się z kimś kłóci. Jako świadek towarzyszył nam w podróży poślubnej do Mombasy. Nigdy nie zapomnę jego dziecięcego zdziwienia miejskim życiem. Gwar, półnadzy turyści, wielka woda – wszystko to napawało go wtedy autentycznym przestrachem. Za to tutaj, w buszu, sprawdza się znakomicie – jest najbardziej twardy i wytrzymały z całej rodziny. Jego obecność cieszy mnie szczególnie. Potem dowiaduję się od Jamesa, że ojciec Saguny przyszedł tu ze swojej wioski, odległej o cztery godziny marszu, mimo gorączki – po to, aby być przy moim przybyciu i przywitać się ze mną!

Lketinga prowadzi nas w stronę dużego, porządnie utrzymanego *kraalu*. Idzie przed nami, a ja patrzę zafascynowana i podziwiam, jak wspaniale porusza się ten mężczyzna. Dochodzimy do wąskiego, drewnianego domu, pokrytego dachem z blachy falistej. Budynek ma jakieś dziesięć metrów długości i jest pomalowany na zielono. To dom Jamesa i jego rodziny. Ze wszystkich stron słyszę co chwila: „*Supa, mama Napirai. Serian a ge?* – Hej, witaj mamo Napirai, co u ciebie?".

Przechodzimy między gęstymi ciernistymi krzewami, które zaczynają się zaraz przy domu. Mają około dwóch metrów wysokości i służą jako ogrodzenie dla obejścia i domostw całej rodziny, ale przede wszystkim jako zabezpieczenie przed dzikimi zwierzętami. W ciągu dnia trzyma się otwarte tylko niewielkie przejście, które dokładnie barykaduje się na wieczór, kiedy z pastwisk powrócą zwierzęta.

Co chwila witam się z jakimiś ludźmi, ściskam czyjeś ręce, spoglądam w ciemne twarze. W większości są to kobiety. Wszystkie uśmiechają się szeroko, pozdrawiają swoim zwykłym *supa* i pytają, czy je pamiętam. Niektóre rozpoznaję od razu, innych nie mogę sobie przypomnieć. Podchodzi do mnie bardzo stara kobieta o pomarszczonej twarzy, uśmiecha się, ukazując mocno szczerbate zęby i pozdrawia, na znak błogosławieństwa plując mi na ręce. Bardzo dobrze ją pamiętam i rozpoznaję od razu. To matka dziewczyny, którą wtedy, przed laty, odwiedziłam w kilka godzin po obrzezaniu. Ta dziewczyna mieszkała w chacie niedaleko nas. W wieku dwunastu lat wydano ją za mąż i w dniu ślubu, jak to jest w zwyczaju u Samburu, poddano strasznemu rytuałowi obrzezania. Chętnie zapytałabym tę starą kobietę o jej córkę, którą też doskonale pamiętam. To było takie pogodne, wesołe dziecko. Ale starzy ludzie mówią tutaj przeważnie językiem *maa*, którego ja, pomijając kilka zwrotów, niestety nie rozumiem.

Robi mi się smutno i nagle czuję się całkiem bezradna. Mam tyle do powiedzenia, a tymczasem mogę tylko stać w milczeniu i się uśmiechać. Z mamą będzie podobnie.

James lekko mnie popycha i prowadzi dalej. W obrębie *kraalu* znajdują się jeszcze dwie większe *manyatty* i dwie mniejsze, w których za dnia trzyma się młode kózki. Nowo narodzone koźlątka bierze się nawet do *manyatt* mieszkalnych. Ich ściany to konstrukcja z drewnianych pali i palików, gęsto posplatanych i połączonych ze sobą, obłożonych krowim łajnem, które twardnieje po wysuszeniu. Widzę tu i ówdzie, że ściany są popękane, a łajno odpada. Dach chaty tworzą skóry koźlęce, wyplatane na miejscu sizalowe maty, tektura, worki. Wszystko to jest pieczołowicie poukładane, tak aby zachodzące na siebie warstwy chroniły od deszczu. Przed chatą leży zwykle zwinięta skóra krowia, porządnie ułożone drewno na ognisko i owalne plecionki z wierzbiny, które w razie przeprowadzki przywiązuje się osłom na grzbietach jako rodzaj konstrukcji tragarskiej. Na tych właśnie plecionkach musi się zmieścić cały dobytek rodziny.

Wokół *manyatt* kury dziobią w czerwonobrązowej piaszczystej ziemi. Dziwię się, widząc to stadko, gdyż Samburu w zasadzie nie trzymają drobiu. Pamiętam jeszcze, jak bardzo wszyscy byli podekscytowani, kiedy przyniosłam do wsi pierwszą kurę. Nikt nie wiedział, co też można począć z takim dziwnym i zupełnie nieprzydatnym zwierzęciem. Samburu nie jadali wtedy mięsa kurzego ani jaj, a dla mamy to był tylko kłopot: no bo jak uchronić taką kurę przed dzikimi zwierzętami? W dodatku martwiła się, że kura przyciągnie drapieżne ptaki, co z kolei może być niebezpieczne dla młodych kózek. A teraz widzę tu, w *kraalu*, co najmniej dziesięć żwawo podskakujących kurek! Zdziwiona pytam o to Jamesa, na co odpowiada, uśmiechając się zadowolony: „Przecież nam pokazałaś, jaki pożytek jest z tych zwierząt! Moja żona od czasu do czasu gotuje coś z jajkami. A to, czego sami nie zjemy, sprzedajemy w naszym małym sklepie siostrom misyjnym". No proszę, znowu coś nowego! W czasach ojca Giuliana nie było tu żadnych sióstr.

Mama

Z zamyślenia wyrywa mnie głos Jamesa: "Potem ci wszystko pokażę, teraz chodźmy przywitać się z mamą. Ona mieszka tutaj, z nami" – i wskazuje na *manyattę* wysokości człowieka, do której właśnie doszliśmy. Kiedy chcę się schylić i wślizgnąć do środka przez niewielki otwór wejściowy, James powstrzymuje mnie i szepcze: "Nie, nie, czekaj, niech mama sama wyjdzie. W środku, w tej ciasnocie i gryzącym dymie nie będziecie mogły się przywitać, jak należy. No i mama będzie miała przynajmniej powód, żeby znowu wyjść z chaty".

James nachyla się do wejścia, mówi kilka zdań w języku *maa* i po chwili słyszę, jak mama rusza się z miejsca. Zaraz potem, pochylona, wychodzi z *manyatty*. Nareszcie ją widzę! Po czternastu z górą latach! Oniemiała ze zdumienia stwierdzam, że w ciągu tego długiego czasu prawie wcale się nie zmieniła! Wyobrażałam ją sobie o wiele starszą i słabszą. Tymczasem widzę postawną i pełną godności kobietę. Wyciągamy ku sobie ręce i patrzymy na siebie wymownie, w milczeniu.

Mój Boże, jaką tajemniczą aurę roztacza ta kobieta! Próbuję coś wyczytać z jej lekko mętnych oczu. W kulturze Samburu nie ma zwyczaju, by padać sobie w ramiona i wylewnie okazywać uczucia i wzruszenia. Silne emocje Samburu próbują tłumić, patrząc poważnie i bez ruchu przed siebie. Tymczasem my z mamą ciągle jeszcze ściskamy się za ręce.

Tak bardzo chciałabym jej powiedzieć, jak ważna jest dla mnie ta wizyta. O tym, jak przez te wszystkie lata ciągle miałam nadzieję, że los pozwoli mi ją jeszcze kiedyś zobaczyć. Zawsze się za nią modliłam, w moich uczuciach zajmuje bardzo ważne miejsce, jest mi taka bliska. I jeszcze tyle innych rzeczy... Ale stoję bez słowa. Mogę przemawiać jedynie sercem i wyrazem oczu.

Nagle mama wyciąga prawą rękę, dotyka mojej twarzy, delikatnie przyciska mi ją do brody i szepcze: "Corinne, Corinne, Corinne!". Jej twarz rozjaśnia uśmiech. Co za ulga! Pierwsze lody zostały przełamane! Obejmuję mamę i nie mogę powstrzymać się od wyciśnięcia na jej posiwiałej głowie gorącego pocałunku.

Zalewa mnie fala niewysłowionego szczęścia. Czuję, że mama także jest bardzo wzruszona. Ta chwila pokazuje, że podjęłam dobrą decyzję, by znowu tu przyjechać.

Na moment wracam myślami do naszego pierwszego spotkania. Do tych chwil, gdy po długich i pełnych przygód poszukiwaniach wreszcie odnalazłam Lketingę w Barsaloi. Pamiętam, jak po gorącym przywitaniu siedzieliśmy z Lketingą w *manyatcie* mamy, na krowiej skórze, gawędząc uradowani i szczęśliwi, gdy nagle w otworze wejściowym pojawiła się pochylona postać mamy. Usiadła naprzeciwko nas i długo przyglądała mi się w milczeniu. Dzieliło nas tylko dymiące palenisko. Podobnie jak teraz, przyglądałyśmy się sobie badawczo, usiłując jak najwięcej wyczytać ze swoich oczu i twarzy. Wtedy także ona rozładowała sytuację, wyciągając do mnie rękę na powitanie. A dzisiaj dotknęła mojej twarzy.

Jestem tak bardzo wzruszona spotkaniem z Lketingą i mamą, że zaczynam dużo mówić. Gadam i gadam, bo inaczej jeszcze chwila, a najzwyczajniej się rozpłaczę. Wyrażam uznanie dla wyglądu mamy. Jej twarz jest nadal pełna, prawie bez zmarszczek. Jest jedynie nieco niższa i szczuplejsza. Włosy ma krótsze i siwe – przez co jej oczy wydają się jeszcze ciemniejsze. Niestety, podobnie jak wielu Samburu, ma z nimi problemy. Powodem jest gryzący dym unoszący się w chatach z otwartych palenisk. Jako ozdoby, moja teściowa nosi kilka warstw kolorowych perełek na szyi i kolczyki ze szklanych paciorków i mosiądzu. Na przegubach i kostkach stóp rozpoznaję cienkie srebrne obręcze, tyle że teraz wrzynają się głęboko w skórę. Z okazji ślubu dostałam od Lketingi podobne ozdoby. Nosiłam je tak długo, aż w końcu porobiły mi się na kostkach głębokie rany, które przez kilka miesięcy nie chciały się zagoić. Blizny po nich mam do dzisiaj.

Mama ubrana jest w starą niebieską *kangę*, narzuconą na ramiona i w brązową połataną spódnicę. Patrząc na to, myślę z radością, że mam dla niej trzy nowe spódnice. Przelatuje mi przez głowę, że przecież James mógłby kupić matce czasem nową spódnicę za pieniądze, które wysyłałam, aby ich wspomóc. Ale wiem, że tutaj ubrania używa się dopóty, dopóki się całkiem nie rozpadnie. A więcej niż jednego nie wypada nosić. Tak przynajmniej myślą starzy ludzie.

Usuwam się na bok, tak aby Albert mógł się przywitać z mamą. Robi to serdecznie i z szacunkiem. Mama pamięta jego poprzednią wizytę i jest jej miło widzieć go ponownie. Ale na Klausa spogląda nieco nieufnie. Nie zna go i pewnie trochę się boi tej jego kamery. Rozmawiamy, a James i Lketinga służą nam jako tłumacze.

Wypakowuję nowiutki koc i podaję go mamie. Lecz ona, zamiast się ucieszyć, robi niezadowoloną minę. Zbita z tropu, zastanawiam się, co jej się nie podoba. Potem dowiaduję się, że mamie było nieprzyjemnie, bo inni ludzie widzieli, jak dostaje prezenty. A z tego jest tylko zazdrość i zła krew.

Chcąc ją rozweselić, wyciągam z podręcznego plecaka mały album ze zdjęciami Napirai, które wybrałam specjalnie dla niej i Lketingi. Zaczęłam od najnowszych fotografii, a na kolejnych stronach Napirai jest coraz młodsza. Mama i Lketinga siadają i z zaciekawieniem oglądają zdjęcia. Lketinga dziwi się, że jego córka jest już taka duża. „Jest prawie taka wysoka jak ja" – mówi ze śmiechem.

Mama przy każdym zdjęciu pyta, czy to aby na pewno Napirai. Widać, że niełatwo jej zrozumieć, o co chodzi na tych zdjęciach, które przecież wybrałam celowo. Nie potrafi sobie tego wszystkiego uporządkować. Na szczęście fotografie małej Napirai bardziej do niej przemawiają i mama wyraźnie się ożywia. Tymczasem nad małym albumem pochyla się już z dziesięć głów. Wszyscy chcą zobaczyć naszą córkę. Także tata Saguny, starszy brat Lketingi, przygląda się z zaciekawieniem i nawet w pewnej chwili wybucha serdecznym śmiechem, ukazując idealnie białe zęby. Aż miło patrzeć na jego roześmiane oczy.

Wreszcie dochodzimy do zdjęcia, na którym widać moją córkę z kilkoma kozami. Robi to na oglądających największe wrażenie – wszyscy zaczynają coś wykrzykiwać w wielkim podnieceniu. Przy ostatnich zdjęciach mama, delikatnie gładząc fotografie długimi palcami, mówi: „Tak, teraz ją rozpoznaję, teraz rozpoznaję moją małą Napirai". I śmieje się do mnie, uszczęśliwiona. Potem zamyka album, wsuwa go pod swoją *kangę* i krótko dziękuje mi słowami: *Ashe oleng.*

WIELKA RODZINA

Teraz James zaprasza nas do swojego domu, chce nam przedstawić rodzinę. Jego żona przygotowała *chai*, tradycyjną, bardzo słodką herbatę z kozim mlekiem. Od *manyatty* mamy do skromnego domu Jamesa jest tylko dwadzieścia kroków. Przed wejściem bawi się i skacze kilkoro dzieci, z zaciekawieniem śledzą każdy nasz krok. W drzwiach domu pojawia się ładna, pulchna młoda kobieta. James przedstawia ją jako swoją żonę, mamę Saruni. Saruni, trzyletnia, bardzo żywa dziewczynka, to jego pierworodna córka.

U Samburu małżonkowie nigdy nie zwracają się do siebie po imieniu. Jeśli coś takiego przytrafi się przez nieuwagę, winowajca musi drugiej stronie ofiarować kozę. Imiona uchodzą tu za coś bardzo osobistego. Kiedy para małżeńska nie ma jeszcze dziecka, mężczyzna i kobieta zwracają się do siebie po prostu *mparatut* – żono – i *lepayian* – mężu. Po urodzeniu dziecka Samburu zwracają się do małżonków mama i tata oraz imieniem dziecka. Imię jakiejś osoby można wymienić tylko, gdy jest ona nieobecna. Wobec obcych wymienia się jedynie nazwisko oraz podaje, od czyjej matki i ojca się pochodzi.

Ten osobliwy zwyczaj to teraz dla mnie pewne utrudnienie. Jestem nieco zakłopotana, gdyż nie bardzo wiem, jak mam się zwracać do Lketingi. Dawniej mówiłam do niego po prostu *darling*, ale dzisiaj nie byłoby to na miejscu. Nie chciałabym też nazywać go *lepayian*, mężem. Jesteśmy przecież rozwiedzeni, a ja nie chcę budzić niewłaściwych oczekiwań. Może odpowiednie byłoby „tata Napirai", ale jakoś nie chce mi to przejść przez usta. Cóż, nie będzie mi łatwo nawiązać rozmowy z Lketingą, jeśli będziemy oddaleni od siebie kilka metrów. Chcąc nie chcąc, będziemy musieli za każdym razem podejść bliżej, spojrzeć sobie w oczy albo pociągnąć drugie za rękaw, by zwrócić na siebie uwagę i móc zacząć rozmowę.

Żona Jamesa od razu budzi moją sympatię. Na pierwszy rzut oka nie uznałabym jej za kobietę Samburu. Podobnie jak James chodziła do szkoły. Nie nosi na szyi tradycyjnych ozdób, tylko modny delikatny łańcuszek z czarnych i złotych perełek. Nie ma też ogolonej głowy, jak jest tu w zwyczaju. Jej włosy są kokieteryjnie upięte i kunsztownie oplecione ozdobną chustką. Jest ubrana po miejsku, nie tradycyjnie. Ma na sobie sweterek i bluzkę z dzianiny, a do tego ciemnoczerwoną spódnicę. James i ona wyraźnie odstają od reszty rodziny, zupełnie jakby żyli w innym czasie. Żona Jamesa jedną ręką podtrzymuje swoje najmłodsze dziecko, a drugą wyciąga do mnie na powitanie. Mimo miejskiego wyglądu sprawia wrażenie bardzo nieśmiałej. Mówi cicho i tylko na chwilę podnosi na nas oczy.

Wchodzimy do największego pokoju, przestronnego pomieszczenia, na którego umeblowanie składają się proste drewniane stoły, krzesła i stołki. Na ścianach, dla dekoracji, powieszono najróżniejsze rzeczy. Obok dwóch ślubnych fotografii przedstawiających Jamesa w tradycyjnych ozdobach wojownika, wisi zdjęcie ukazujące go w ciemnym garniturze i krawacie. Dziwne zestawienie! Fotografia kilku kenijskich ministrów, wielki plakat z brazylijską drużyną futbolową, pluszowy misiaczek, zawieszony na gwoździu niedaleko chrześcijańskiego krzyża – na widok tych kontrastów uśmiecham się w duchu. Gdyby spojrzeć na to oczyma Europejczyka, wszystko tu jest biedniutkie, a nawet trochę śmieszne. Jednak gdy przypomnę sobie nasze życie w *manyatcie*, to wydaje mi się, że ten pokój umeblowany jest niemal z przepychem.

Siadam na jednym z krzeseł, a Lketinga zajmuje miejsce z drugiej strony stołu. Zakłada nogę na nogę, szczupłymi rękami obejmuje cienki kij, bez którego nie rusza się z miejsca. Zastępuje mu on dzidę. Długie nogi Lketingi wyglądają wspaniale, a cała jego postać ma w sobie coś bardzo godnego i nieco kobiecego. Jestem bardzo rada, że widzę go w tak dobrej formie. W końcu to ojciec mojej córki i ona także powinna być z niego dumna.

Lketinga przypatruje mi się nieustannie. Ja zaś rozglądam się po pokoju. Tymczasem żona Jamesa stawia na stole termosy z herbatą i emaliowane metalowe filiżanki. Aż mnie zatyka z wrażenia! Termos! Dzięki temu mogą tu ciągle mieć pod ręką wcześniej przygotowaną gorącą herbatę! Tak, w tym przypadku ten cały plastik ze szklanym wkładem to rzeczywiście postęp. Drewno na opał jest bardzo cenne, więc gdy już raz rozpali się ogień, można przygotować herbatę na cały dzień, nie marnując go więcej.

Rozmawiam z Lketingą, a James zabawia rozmową Alberta, Klausa i naszych kierowców, najwyraźniej bardzo tym wszystkim zdumionych. Starszy brat Lketingi przykucnął obok przy ścianie i przysłuchuje się potokowi nieznanych angielskich słów. Proszę byłego męża, żeby mu przetłumaczył, jak bardzo chciałabym zobaczyć Sagunę i osobiście przekazać jej upominek. Tata Saguny oświadcza, że jego córka codziennie chodzi paść krowy. Lecz on wróci jutro do swojej wsi i zastąpi ją przy stadzie, aby mogła przyjść do mnie pojutrze. Bardzo się cieszę. Będę mogła zobaczyć Sagunę, która wtedy, gdy żyłam w Kenii, była małą dziewczynką. Mieszkałyśmy w chacie mamy. Na początku Saguna bardzo się bała mojej białej twarzy. Za to potem za każdym razem chorowała z tęsknoty, gdy na kilka dni wyjeżdżałam ze wsi po zaopatrzenie. Jadła dopiero wtedy, kiedy wracałam. Czasami zabierałam Sagunę nad rzekę, gdy szłam po wodę albo uprać ubrania. Pamiętam, jaką przyjemność sprawiały jej kąpiele w kałuży – aż piszczała z radości. Z którejś wyprawy do Szwajcarii przywiozłam jej brązową lalkę. Nigdy nie zapomnę wrażenia, jakie ta lalka zrobiła we wsi. Wszyscy byli wstrząśnięci, bo myśleli, że to martwe dziecko. Omal nie wywołałam małego powstania! Jestem taka ciekawa, jak też dzisiaj wygląda tamta mała Saguna. Czy w ogóle mnie sobie przypomni?

Popijam gorącą herbatę i czuję, jak powoli opada ze mnie całe napięcie. Ta herbata to smak mojej afrykańskiej ojczyzny. Klaus uważa, że jest okropna, a Albert przynosi sobie z samochodu butelkę wody. Dla mnie *chai* jest jak najlepszy szampan. Jakże często ten napój stanowił nasze jedyne pożywienie przez wiele dni!

Na zewnątrz, przed wejściem, siedzą na ziemi dwie małe dziewczynki, pytam więc Lketingę o siostrę przyrodnią Napirai. Odwraca się i mówi coś do dzieci. Jedna z dziewczynek wstaje i nieśmiało wchodzi do pokoju. Od razu rzuca się w oczy pewne podobieństwo między nią a moją córką. Podobne są zwłaszcza okolice oczu i zarys czoła. Uśmiecham się do małej i przywołuję ją skinieniem ręki, ale ona nie ma śmiałości podejść. Lketinga mówi do niej bardziej zdecydowanym tonem. Teraz dziewczynka zbiera się w sobie i pozdrawia mnie, ale nie podnosi oczu. Napirai także była i jest do dzisiaj nieśmiałym dzieckiem. Rodzinne podobieństwo? Shankayon ma raczej wyrazisty nos ojca, podczas gdy Napirai odziedziczyła bardziej okrągły nosek swojej afrykańskiej babci.

Lketinga mówi, że jego córka chodzi do szkoły, ale robi przy tym nieco lekceważący gest ręką. Szkoła nie ma dla niego nic wspólnego z prawdziwym życiem. Dlatego uważam za niezwykłe, że mimo to dał swojemu dziecku możliwość nauki. Bo tutaj to ojciec nadal decyduje, czy dziecku wolno chodzić do szkoły, czy nie, mimo że nowy rząd wprowadził obowiązek nauki.

Shankayon jest ładniutka i wyjątkowo wysoka, jak na osiem lat. Zaraz za nią wbiega w podskokach malutka, trzyletnia Saruni i z wyrazem zaciekawienia patrzy na nas wielkimi oczami.

James oświadcza z dumą, że z wyjątkiem starszego brata cała rodzina mieszka tutaj, w jednym *kraalu*. Nawet mama przeniosła się z drugiej strony wsi, gdzie za moich czasów mieszkaliśmy wszyscy.

Zresztą tam, na wzgórzu, nie ma już żadnych *manyatt*. Wszyscy sprowadzili się na dół, do wsi. Zdumiona, pytam o przyczynę. „Przecież sama widzisz, jak rozrosło się i zmieniło Barsaloi – odpowiada James ze śmiechem. – Dzisiaj mamy we wsi ujęcie wody, nigdy nie brakuje świeżej i czystej do picia. Nie musimy już chodzić po nią tak daleko, jak kiedyś, nad rzekę".

Nie mogę się nadziwić zmianom, jakie zaszły tu w ciągu zaledwie czternastu lat. James wyciąga rękę w stronę podwórza i wskazuje na niewielki budyneczek z blachy falistej. „To nasza toaleta i łazienka" – oświadcza z dumą. Jak się potem przekonam, toaleta to prosty klozet, gdzie potrzebę załatwia się na stojąco. Łazienka zaś to nagie pomieszczenie, w którym na podłodze stoi czerwona plastikowa miska do mycia. Chociaż ten „przybytek" jest tak prymitywny, jestem niezmiernie zadowolona, że nie muszę już biegać do buszu i jeszcze na koniec palić zużytego papieru toaletowego. Między rozłożystą akacją a toaletą wisi na sznurku uprana bielizna. Cały *kraal* wygląda tak jakoś spokojnie i przytulnie. James bardzo dobrze to wszystko zorganizował.

Z zamyślenia wyrywa mnie pytanie Lketingi: „A czy ty wiesz, ile jest tutaj sklepów?". Potrząsam przecząco głową i spoglądam na niego wyczekująco. „Czternaście spożywczych, trzy rzeźnicze i jeden bar z piwem. Kompletne szaleństwo, co?" – mówi Lketinga.

Faktycznie, aż się wierzyć nie chce! Przed siedemnastu laty to właśnie ja byłam osobą, która urządziła tu pierwszy przyzwoity sklep spożywczy. Jak u nas było wszystko wyprzedane, to już nigdzie w całym Barsaloi i okolicy nie można było niczego kupić. Toteż gdy słyszę, że dzisiaj zawsze jest pod dostatkiem jedzenia, cieszę się niepomiernie. Jesteśmy w Barsaloi dopiero od niedawna, ale wszystko, co zobaczyłam i usłyszałam w tak krótkim czasie, wskazuje, że życie tutaj, co prawda dalej surowe i skromne, stało się jednak znacznie łatwiejsze. A mojej afrykańskiej rodzinie, dzięki finansowemu wsparciu z naszej strony, z pewnością powodzi się lepiej niż wielu innym.

Lketinga, który jakby czytał w moich myślach, spogląda na mnie i mówi: *„Really*, życie jest teraz o wiele lepsze. Może zechcesz znowu tu zostać?". Wybucha przy tym śmiechem, a jego białe zęby lśnią wspaniale. Odpowiadam figlarnie, chociaż tym pytaniem wprawił mnie w lekkie zakłopotanie: „Przecież znowu poślubiłeś młodą kobietę. Gdzie ona jest?". Lketinga natychmiast poważnieje, z niechęcią macha ręką i mówi krótko: *I don't know – somewhere!* Wyraźnie widać, że nie chce rozmawiać o swojej nowej żonie, toteż szybko zmieniam temat.

W otwartych drzwiach co jakiś czas widać małego, dwuletniego synka Jamesa. Na cześć mojego wydawcy ochrzczono go imieniem Albert. Ale ta zgodność imion najwyraźniej nie robi na małym wrażenia, bo gdy tylko spojrzy na nasze białe twarze, zaraz wybucha płaczem i ucieka. Jego siostra, Saruni, jest o wiele bardziej ufna. Stopniowo, zatrzymując się co chwila, przysuwa się do mnie. Jest taka rozkoszna, że najchętniej od razu wzięłabym ją na ręce. Bardzo przypomina mi małą Sagunę.

Stefania – bo tak ma na imię żona Jamesa – stoi w wąskim pomieszczeniu obok wejścia, służącym jako miejsce do gotowania. Niepytana, w ogóle się nie odzywa. W „kuchni" znajduje się jedynie palenisko, ale nie na ziemi, jak zwykle tutaj, tylko nieco wyżej. Tak więc Stefania może gotować na stojąco. Wokoło wycementowanego paleniska jest trochę miejsca do przygotowywania potraw i odkładania rzeczy. Po lewej, na ścianie wisi kilka garnków, filiżanek i talerzy. Woda stoi w 20-litrowym kanistrze na ziemi.

James pyta, czy jesteśmy głodni. Lketinga natychmiast energicznie protestuje: „*No*, teraz nie będziemy jeść, przecież musicie potem zjeść kozę. Zabiję dla was najlepszą i największą". Albert rzuca, że to nie jest konieczne i trochę się krzywi. Dawniej był wegetarianinem i nie ma ochoty patrzeć na zabijanie kozy. Lecz James odpowiada zdecydowanie, że tak musi być: „Co by pomyśleli ludzie, gdybyśmy na wasz przyjazd nie ubili najlepszej kozy?". Na widok mocno speszonych twarzy Alberta i Klausa Lketinga wybucha głośnym śmiechem. Do wieczornego powrotu trzody do domu upłynie jeszcze około dwóch godzin. W tym czasie, zanim gwałtownie zapadnie ciemność, powinniśmy rozlokować się na nocleg.

NASZ OBÓZ

Maszerujemy do położonej w pobliżu misji. W drodze co chwila ktoś do mnie podchodzi. Ciągle się z kimś witam, słyszę: *Mama Napirai! Supa! Seran a ge?* Jestem do głębi poruszona tym serdecznym przyjęciem po tylu latach. W misji od razu rozpoznaję stróża i kobietę, która pracowała tu przed laty. Wiemy, że ojca Giuliana nie ma już w Barsaloi. Zamiast niego wita nas młody duchowny z Kolumbii i serdecznie zaprasza w gościnę. Oczywiście nie ma nic przeciwko temu, abyśmy tutaj na kilka dni rozbili namioty. Młody Kolumbijczyk kieruje misją od kilku lat i słyszał już o białej Masajce.

Kierowcy podprowadzają samochody na teren misji. Ustawiają je na płaskim miejscu, gdyż na dachach obu aut mają być rozbite i umocowane namioty. Natychmiast zabierają się do roboty i pół godziny później „sypialnie" dla obu moich towarzyszy podróży są gotowe.

Teraz kolej na namiot dla mnie. Będzie stał zwyczajnie, na ziemi. Gdy szoferzy są zajęci jego rozkładaniem, nadchodzi Lketinga. Na widok namiotów na dachach staje osłupiały, a jego oczy robią się wielkie ze zdumienia. *What's this?* – pyta oszołomiony, wpatrując się w namioty. Jego reakcja jest tak zabawna, że nie mogę powstrzymać się od śmiechu. Wyjaśniam, że to „domy" dla Alberta i Klausa. Lketinga, jak zawsze, gdy coś jest dla niego nowe i niezwykłe, potrząsa głową i burczy pod nosem: *„Crazy, really crazy!* Jak można spać tak wysoko!".

Ostrożnie wstępuje kilka szczebli po jednej z drabinek, wtyka głowę do namiotu i już po chwili słyszymy jego zduszony, gardłowy śmiech i pełne rozbawienia słowa: *„Yes, oh, yes,* to wygląda całkiem nieźle!".

Lketinga pewnie jeszcze nigdy w życiu nie widział namiotu, nie mówiąc już o namiocie na dachu samochodu. Doskonale rozumiem, że cała ta sytuacja musi być dla niego w najwyższym stopniu niezwykła. U Samburu nie ma zwyczaju, aby goście przybywali z własnym domem. Kiedy Samburu są w podróży, wszędzie mogą poprosić o nocleg. Należy tylko przestrzegać pewnych reguł. Pamiętam na przykład, że mój były mąż mógł nocować tylko u kobiet, które miały syna w jego wieku. Ten zwyczaj służy pewnie temu, aby uniemożliwić zdradę małżeńską.

Lketinga, zlustrowawszy namioty, pyta troskliwie, gdzie będę nocować: tutaj czy w *manyatcie* mamy? Pokazuję na kierowców, którzy właśnie stawiają mój namiot i odpowiadam, że pierwszej nocy będę spała tutaj. „Muszę się trochę przyzwyczaić – wyjaśniam – a potem chętnie przenocuję u mamy". *Okay, no problem* – odpowiada Lketinga ze spokojem, następnie podchodzi do kierowców i pomaga im przy ustawianiu namiotu.

Przyglądam się temu ze zdumieniem, gdyż u Samburu budowaniem domów zajmują się wyłącznie kobiety. To one ścinają i targają na miejsce gałęzie i konary potrzebne do budowy *manyatty* – mężczyźni nie pomagają im wcale. Kiedy szkielet chaty jest gotowy, zbiera się glinę i krowie łajno, którym tynkuje się ściany i uzupełnia dach. Domy należą wyłącznie do kobiet – razem z całym wyposażeniem. Mężczyźni nie mają domów.

Młodzi mężczyźni, w okresie gdy już są wojownikami, uczą się, jak przeżyć w warunkach naturalnych, bez dachu nad głową. Po obrzezaniu opuszczają dom matki i żyją w męskiej społeczności gdzieś w buszu. W tym czasie sypiają zwykle pod gołym niebem, przy krowach. Kiedy pada, rozpinają nad głowami krowie skóry i czekają, aż znowu zaświeci słońce i będą mogli wysuszyć swoje *kangi*.

Mężczyznom wolno jednak przechowywać w domu matki pewne osobiste przedmioty, a po dłuższym czasie mogą niekiedy u niej nocować. Lecz nie mogą nic u matki jeść. Wiąże się to z określonym tabu – kobietom obrzezanym, to znaczy zamężnym, absolutnie nie wolno patrzeć na to, co będzie jadł wojownik.

Właśnie wczoraj wieczorem James opowiadał nam w Maralal Lodge, jak ciężki był dla niego ten czas zaprawy na wojownika. Przecież wzrastał z dala od domu, mało nocował w *manyatcie*, mieszkał w szkole i razem z innymi kolegami spał w normalnym pokoju. Kiedy więc w wieku siedemnastu lat, wkrótce po obrzezaniu, musiał wynieść się do buszu, żeby pilnować krów i poddać się tradycyjnym rytuałom, była to dla niego naprawdę trudna próba. James nie nawykł do takiego życia. Ciężkie były zwłaszcza noce. Nagle musiał się kompletnie przestawić, nauczyć się spać pod gołym niebem, na krowiej skórze, a nieznane odgłosy i zapachy przeszkadzały mu zasnąć. Za każdym razem, kiedy budził się w nocy z płytkiego snu, odruchowo wyciągał ręce, w nadziei, że zaraz dotknie ścian.

Tymczasem gotowy jest już mój mały, okrągły namiot. Lketinga wciska właśnie w ziemię ostatnie śledzie. Jestem zdumiona i głęboko wzruszona jego troskliwością, z taką chęcią pomagał kierowcom przy moim namiocie! Dawniej, kiedy prosiłam go o pomoc przy czymś, do czego nie był przyzwyczajony, często po prostu mnie zbywał. Najzwyczajniej się wymigiwał: „Ach, nie wiem, nie umiem, lepiej zrób to sama!".

Zaczynamy wypakowywać bagaże. Ciągnę do namiotu moje dwie wielkie torby podróżne. Ledwie weszłam, a już Lketinga wtyka głowę do środka i pyta, bardzo podekscytowany: „Masz dla mnie jakieś prezenty? James ci napisał, o co prosiłem?". Minę robi przy tym taką, jak chłopiec przed bożonarodzeniową choinką! Nie mogę się powstrzymać i wybucham śmiechem. Mrugam do niego porozumiewawczo, wskazuję na jedną z toreb i mówię, że są w niej wyłącznie prezenty dla rodziny. Uśmiecham się i proszę, żeby nie był taki niecierpliwy. Musi trochę poczekać, bo chcę dopiero jutro spokojnie porozdzielać prezenty, kiedy już nie będzie nas obserwowało tyle osób. Ten argument doskonale trafia do Lketingi.

Na krótko przed nastaniem ciemności wyruszamy z obozu, dźwigając tę ciężką torbę. Idziemy do *kraalu* mojej rodziny, gdzie czeka już na nas James.

W KRAALU

Tymczasem do *kraalu* powróciło co najmniej sześćdziesiąt kóz, w większości białych, i panuje tu wielki ruch i ożywienie. Małe kózki głośno nawołują swoje matki, które, o ile nie są właśnie dojone, mecząc, biegają po całym terenie. Wszędzie widać zajęte dojeniem kobiety i dziewczęta.

Właśnie o tej porze, wieczorem, kiedy do domu wracają ludzie i zwierzęta, *kraal* wygląda najpiękniej. Mama już na pół godziny przed powrotem kóz zasiada przed *manyattą* i czeka. Zwykle razem z nią siedzą też inne kobiety. Gdy tylko mama dostanie pierwsze udojone mleko, przygotowuje *chai* dla dziecka, które akurat mieszka w jej chacie. Potem jeszcze dla kilkorga innych dzieci i dla siebie samej gotuje *ugali*, które codziennie jada się na kolację.

Klaus filmuje różne sceny w *kraalu*. Dzieci, początkowo onieśmielone, zrozumiawszy, co Klaus robi, stopniowo stają się coraz bardziej ufne i specjalnie dla niego pozują do kamery. Popisują się, łapiąc małe kózki, które potem noszą na ramionach. Nawet trzyletnia Saruni goni za jakąś kózką, łapie ją za tylną nogę, sprawnie obejmuje małymi rączkami wszystkie cztery nogi zwierzątka, a potem unosi do góry, patrząc przy tym triumfująco na Klausa. Klaus nie wie już, co ma najpierw filmować. Kiedy potem na małym monitorze pokazuje nakręcone ujęcia, dzieciaki wprost nie posiadają się z radości. W ten sposób widzą siebie po raz pierwszy w życiu. Wokół Klausa błyskawicznie gromadzą się duzi i mali. Każdy chciałby popatrzeć na niewielki ekranik kamery filmowej. Ciekawość jest silniejsza niż nieśmiałość i lody zostają przełamane.

Przyglądam się tej radosnej krzątaninie z prawdziwą przyjemnością. Nagle podchodzi młodsza siostra Lketingi i wita się ze mną wylewnie. Ona także pilnowała kóz podczas wypasu i wróciła dopiero teraz. Oczywiście od razu pyta o Napirai i jej także muszę wszystko dokładnie opowiedzieć. Tę siostrę Lketingi zawsze bardzo lubiłam. Jako młodą dziewczynę wydano ją za mąż za bardzo starego mężczyznę. Zmarł wkrótce potem, gdy ona urodziła swoje pierwsze dziecko. Od tego czasu siostra mojego byłego męża żyje samotnie, ale urodziła jeszcze kilkoro dzieci. Zgodnie z tradycją Samburu, nie wolno jej wyjść powtórnie za mąż. Pamiętam, że jako dziecko była wesoła i pogodna. Wydaje się, iż tę pogodę ducha zachowała do dzisiaj. Obejmuje mnie, ściska i pieszczotliwie pociera głową o moją szyję.

Ten wybuch serdeczności przerywa Lketinga, który właśnie do nas podszedł. Bezceremonialnie łapie mnie za rękę i ciągnie za sobą, mówiąc poważnym tonem: „Chodź, zobacz, jaką kozę zabiję dla ciebie!". Tata Saguny i James są już przy stadzie. Przeciskają się wśród zwierząt, naradzając się i rozmawiając z ożywieniem. Odciągają na bok wybrane sztuki. Do braci dołącza Lketinga. My, troje białych, czujemy się nieco bezradni. Zaraz zapadnie wyrok i jedno ze zwierząt straci życie. Mężczyźni już zdecydowali – wybór padł na największego kozła. Lketinga łapie zwierzę za rogi i wyciąga ze stada. Z początku wszystko odbywa się spokojnie, ale nagle kozioł wydaje z siebie przeraźliwy bek. To beczenie przejmuje do szpiku kości. Inne zwierzęta stoją spokojnie, przeżuwając, a wielki kozioł próbuje się wyrwać, jakby przeczuwał, że oto wybiła jego ostatnia godzina. Albert zostawia nas. Mówi, że przyjdzie, jak będzie po wszystkim.

Lketinga wyprowadza kozła. Przechodząc obok mnie, wolną ręką ujmuje moją i mówi: „Chodź z nami, popatrzysz, to twój kozioł!". Wiem, że dla kobiety uczestniczenie w rytuale zabijania zwierzęcia to zaszczyt, toteż nie daję poznać po sobie, jakie to dla mnie przykre.

Tata Saguny zręcznym chwytem łapie kozła za nogi i przewraca na bok na ziemię. Lketinga natychmiast zatyka zwierzęciu nos i pysk, aby je udusić. Kozioł dławi się, wyrywa i szarpie, usiłując się wyswobodzić. Brzuch wznosi się i opada, a mnie się wydaje, że trwa to całą wieczność. Dzięki Bogu jest już ciemno i tylko księżyc oświetla ten okropny widok. Według obyczajów Samburu, zanim zwierzę umrze, nie może popłynąć krew.

Podczas gdy tutaj w ciszy odbywa się zabijanie zwierzęcia, wokoło toczy się zwykłe życie. Kilkoro dzieci dalej ugania się za małymi kózkami, inne spokojnie obserwują dogorywanie kozła. Wreszcie jego ciałem wstrząsają ostatnie drgawki. Tata Saguny prosi Shankayon, by przyniosła nóż i miskę. Potem ostrzy nóż o kamień, a następnie wprawnym cięciem otwiera tętnicę szyjną. Natychmiast zaczyna wypływać krew i podstawiona miska napełnia się ciepłym płynem. Łeb kozła jest odchylony do tyłu, żółte oczy zwierzęcia patrzą martwo ku niebu.

Lketinga pyta żartobliwie, czy nie miałabym ochoty napić się krwi. Dziękuję i odmawiam, a Lketinga to samo proponuje Klausowi, który i tak ma już dość po tym, co widział. James zabiera miskę. W ciemności rozpoznaję niewyraźne postaci dwóch wojowników, którzy podążają za nim. Zdziwiona pytam Lketingę, dlaczego on nie pije krwi. „Bo już nie jestem wojownikiem" – pada spontaniczna odpowiedź. Podnosi martwe zwierzę i kładzie je na kawałku blachy falistej, a jego starszy brat jednym ruchem przecina skórę kozła po stronie brzusznej, od piersi po genitalia. Potem rozcina wzdłuż wszystkie cztery nogi. Pomagają mu przy tym małe dziewczynki. Jedna trzyma latarkę, inne po kolei przytrzymują nacinane nogi. Teraz rozpoczyna się ściąganie skóry. Brat Lketingi jedną ręką ściąga skórę, a drugą mocno przyciska kozła do ziemi. W ten sposób skóra szybko i łatwo oddziela się od mięsa. Przyglądam się zdumiona i zafascynowana, bo przy tym wszystkim nie spływa ani jedna kropla krwi. Nie mija nawet dwadzieścia minut, a kozioł leży przed nami całkowicie odarty ze skóry. Teraz otwierają mu brzuch. Wypływają jelita i wnętrzności. Brat Lketingi patroszy kozła, dokładnie wszystko oddziela i odkłada każdą oczyszczoną część na blachę. Ponieważ jeszcze z dawnych czasów pamiętam, jak straszliwie cuchnie treść jelit, nie czekam na dalsze sprawianie, tylko odchodzę. W końcu chcę potem jeść to mięso.

Idę do domu, dołączam do zgromadzonych osób i piję gorącą herbatę *chai* z termosu. Na mój widok mały Albert natychmiast chowa się za matkę i spogląda na mnie przerażonymi oczami. James opowiada, jak mieszkańcy Barsaloi zareagowali, kiedy nie od razu pojawiłam się we wsi. „Wiesz – mówi – większość i tak nie wierzyła, że wrócisz tu po czternastu latach. Kiedy zobaczyli, że z samochodu wysiadł tylko Klaus, uznali to za dowód. Zjawia się jakiś *mzungu*, aby powiedzieć, że Corinne jednak nie przyjedzie. Uspokoiłem ich i wyjaśniłem, że zwiedzasz szkołę. Potem usłyszałem, jak ludzie mówią między sobą – Corinne przyjeżdża jak królowa, dwoma samochodami, w dodatku prowadzonymi przez szoferów. Najpierw zjawia się jedno auto, z którego wychodzi jakiś biały, żeby zorientować się w sytuacji i ustawić kamerę. A dopiero później przyjeżdża Corinne. Dla wszystkich było jasne: *Only a Queen is moving in this way"*.

Wybuchamy głośnym śmiechem. Tego się naprawdę nie spodziewałam, że będą mnie porównywać do królowej. Oczywiście zdawałam sobie sprawę, że nasze dwa wielkie samochody terenowe, w dodatku z szoferami, muszą wzbudzić we wsi sensację. W końcu mieszkańcy Barsaloi pamiętają naszego rozklekotanego landrowera, którego zawsze prowadziłam sama. To ja byłam kierowcą.

James kilka razy powtarza tę historię, za każdym razem wzbudzając rozbawienie. Dodaje, że z mojego przyjazdu cieszą się nawet ludzie, którzy nie znali mnie osobiście, a jedynie słyszeli o mnie.

Wychodzę na zewnątrz. Księżyc w pełni i tysiące gwiazd rozjaśniają nocne niebo. Po niedawno zabitym koźle ani śladu. I tylko Lketinga piecze na ruszcie nad ogniskiem kilka kawałków mięsa. Jest dokładnie ustalone, jakie części dostają starsi mężczyźni, jakie przypadają kobietom, a które mogą jeść nieobrzezani jeszcze dziewczęta i chłopcy. Przypominam sobie, że podroby, nogi i głowa zawsze były gotowane w *manyatcie* u mamy. Przysiadam się do Lketingi i patrzę na skwierczące kawałki koziego mięsa. Aż trudno uwierzyć, że ta koza zaledwie przed godziną stała przed nami żywa i żwawa.

Próbujemy rozmawiać, ale wcale nie jest łatwo znaleźć odpowiedni temat. Kiedy chcę opowiedzieć coś o mojej książce, Lketinga macha niecierpliwie ręką i mówi: „Później, nie teraz". Staram się dowiedzieć czegoś o okresie po moim wyjeździe, ale Lketinga odpowiada: „Nie chcę mówić o moim życiu w Mombasie, od razu zaczynam od tego wariować. Całkiem zmieniłem swoje życie. Nie piję i jestem zadowolony. Mam trzy żony i żadnych problemów". Mnie nie może już uważać za swoją żonę, ale w tym momencie nie chcę wszczynać dyskusji. Dlatego opowiadam mu o naszej córce Napirai. Co robi w szkole, jakie lubi przedmioty. Mówię, że wolałaby raczej pójść do pracy, niż uczyć się przez wiele lat. Lketinga podchwytuje to natychmiast i rzuca: *Yes. She is clever like me.*

W *manyattach* także przygotowuje się mięso, widać to po dymie, który wydobywa się ze wszystkich chat. Jestem coraz bardziej głodna i nabieram apetytu na jedzenie. Cieszę się, że niedługo będę mogła zatopić zęby w wielkim kawale mięsa, chociaż na pewno będzie twarde.

Nareszcie. Siedzimy w domu Jamesa, a na stole dymi blaszany garnek pełny upieczonych kawałków koziego mięsa. Każdy częstuje się sam. Jedni obgryzają żeberka, inni z apetytem wgryzają się w kawałek uda. Mnie to pieczone mięso smakuje doskonale, natomiast Albert i Klaus jedzą tylko tyle, ile wymaga grzeczność.

Wspaniała uczta dobiega końca. Powoli zbieramy się do wyjścia, by udać się na nocny odpoczynek w naszym obozie na terenie misji. Jesteśmy porządnie zmęczeni, wręcz wyczerpani wrażeniami długiej podróży. Ruszamy w drogę, a Lketinga towarzyszy nam do samej misji. Umawiamy się na herbatę na następny dzień.

Albert, Klaus i ja jeszcze na chwilę siadamy razem na krzesełkach campingowych, żeby odetchnąć i uporządkować w myślach wrażenia minionego dnia. Kierowcy przypominają o pełnej lodówce w samochodzie. Postanawiamy zakończyć dzień kieliszkiem ginu z tonikiem. Jesteśmy tylko o parę kroków od wsi, a mam wrażenie, jakbym znalazła się w innym świecie. Siedzę wygodnie na krześle, trzymam w ręku schłodzonego drinka, patrzę na twarze dwóch białych mężczyzn i rozmawiam po niemiecku. Przez chwilę to wszystko wydaje się kompletnie nierzeczywiste. Z takiej perspektywy jeszcze nigdy nie patrzyłam na Barsaloi!

Z zamyślenia wyrywa mnie Klaus. Opowiada, jak wyglądało jego spotkanie z Lketingą, zanim przyjechałam do wsi. Kiedy wysiadł z samochodu, pod akacją, opodal, stał Lketinga. Obok niego stał James, który po krótkiej rozmowie zniknął w swoim domu. Klaus poczuł się nieco zagubiony, nie bardzo wiedział, jak się zachować, ale wziął kamerę na ramię i odważnie podszedł do Lketingi. Gdy próbował się przedstawić, Lketinga tylko zmierzył go wzrokiem, z kompletnie nieporuszoną twarzą. Zaraz potem bez słowa odwrócił oczy i znowu uparcie patrzył na drogę w kierunku rzeki. Klaus poczuł się całkiem bezradny, było mu po prostu głupio, nie bardzo wiedział, jak wybrnąć z tej sytuacji. Po chwili, która jemu wydała się wiecznością, usłyszał pełne wyrzutu: *You are late!* Z ulgą i nadzieją, że może wreszcie uda mu się nawiązać rozmowę, zaczął gorączkowo wyjaśniać przyczyny naszego spóźnienia. Lketinga przerwał mu bezlitośnie: *I know everything*. Zmierzył go przy tym druzgocącym spojrzeniem. Teraz Klausowi zrobiło się naprawdę nieprzyjemnie: „Boże, co będzie, jak pojawi się Corinne? – pomyślał – Jak wytrzymamy tutaj kilka dni, skoro Lketinga zachowuje się tak już teraz?". Lecz po kilku kolejnych, nieskończenie długich minutach usłyszał łagodniejszym już nieco tonem zadane pytanie: *Do you have a cigarette?*

„Nie uwierzycie, jaka to była ulga... Ucieszyłem się, że chociaż w ten sposób mogę zrobić dla niego coś miłego. Wreszcie Lketinga, gdy już zapalił papierosa, mruknął łaskawie: *Let's go in the shadow.* No i tak staliśmy, milcząc, w cieniu akacji. Słowo daję, że już dawno na nikogo nie czekałem z takim utęsknieniem, jak dzisiaj na was!" – kończy Klaus swoje opowiadanie, a my śmiejemy się do łez.

Doskonale umiem sobie wyobrazić takie zachowanie mojego byłego męża. To jego podejrzliwe, uparte spojrzenie. Rozumiem, jak niezręcznie Klaus musiał się poczuć w tej sytuacji.

Pomijając ów epizod, wszyscy jesteśmy zdania, że zarówno dzisiejsze powitanie we wsi, jak i zachowanie Lketingi przeszły nasze najśmielsze oczekiwania. Czuję się znakomicie, jestem naprawdę zadowolona. Wypijam ostatni łyk. Panowie wdrapują się na samochody i znikają w swoich namiotach. Wślizguję się do mojego i moszczę sobie wygodne posłanie ze śpiwora. Na zewnątrz siedzą nasi kierowcy, zagłębieni w cichą rozmowę. Od strony wsi dobiega niekiedy pomekiwanie kóz, przerywane krótkim szczeknięciem psa. Z tej odległości głosy ludzi to tylko ciche pomrukiwanie. Jakże chciałabym wiedzieć, co myślą o nas: mama, Lketinga i wszyscy inni. Jak odebrali ten pierwszy dzień naszej wizyty? Ja jestem bardzo zadowolona. Dotychczas wszystko się udało i nie żałuję, że zdecydowałam się na tę podróż. Czuję w sercu miłe ciepło. Czy oni czują podobnie?

W MANYATCIE *MAMY*

Następnego dnia budzę się bardzo wcześnie. Jestem trochę rozbita i połamana. Wysuwam się z namiotu i patrzę na wspaniałą, czerwoną kulę słońca, powoli wynurzającą się zza szczytów gór. W naszym obozie panuje jeszcze spokój i cisza. Odświeżam się chusteczkami higienicznymi i rozkoszuję pięknym porankiem i wschodem słońca. Wkrótce budzą się też moi towarzysze. Właśnie pijemy poranną herbatę, gdy zjawia się Lketinga. Inaczej niż poprzedniego dnia, dzisiaj jest ubrany po europejsku. Ma na sobie długie spodnie, koszulkę i półbuty. Wita się z nami uściskiem dłoni, pyta, jak spaliśmy, a potem maszeruje prosto do mojego namiotu. Najzwyczajniej w świecie otwiera zamek błyskawiczny, zagląda do środka i sprawdza, jak też tam wygląda po nocy. Dawniej, kiedy byłam jego żoną, bardzo by mnie to rozzłościło, ale teraz takie zachowanie wydaje mi się jedynie dziwaczne i zabawne, ledwie mogę się powstrzymać od śmiechu.

Po inspekcji namiotu Lketinga dosiada się do nas. Zastanawiamy się, co będziemy robić. Lketinga mówi, że James musi wrócić do szkoły, gdyż właśnie dzisiaj ma przyjechać komisja wizytacyjna z Nairobi. Starszy brat Lketingi jest jeszcze we wsi, ale i on chciałby wkrótce ruszyć do domu, zanim upał stanie się nie do zniesienia. Oczywiście chciałabym mu przedtem przekazać prezenty, które dla niego przywiozłam. Po południu moglibyśmy pójść nad rzekę, a potem zwiedzić wieś.

Lketinga zgadza się na taki plan dnia, totéż powoli się zbieramy i idziemy spacerkiem do *manyatty* mamy. Przed chatą siedzi tata Saguny. Pozdrawia nas uprzejmie i mówi w języku *maa*, że chciałby już udać się do swojej wsi, żeby móc jutro rano przysłać tu Sagunę. Szybko idę do domu Jamesa, w którym zostawiłam torbę z prezentami, przynoszę tradycyjny koc Samburu w kratę i pomarańczową koszulę z mechatej flaneli. Wręczam te skromne prezenty zdumionemu bratu Lketingi, a on wydaje się naprawdę uszczęśliwiony. Dziękuje mi słowami: „*Ke subat, ke supati pi* – piękne, naprawdę bardzo piękne". Na pewno jeszcze raz się zobaczymy, bo na naszą cześć planowane jest wielkie święto. Coś bliższego na ten temat będziemy mogli przekazać jego córce, Sagunie. Po krótkim pożegnaniu brat Lketingi lekkim krokiem wychodzi z *kraalu* w swoim zielonym kapeluszu na głowie i z nowym kocem owiniętym wokół bioder.

Tak jak w dawnych czasach proszę mamę o pozwolenie wejścia do *manyatty* zapytaniem: *Godie?* Jeśli w odpowiedzi usłyszę: *Ka-*

ribu, będę mogła wejść. Mama zaprasza mnie do środka i oto po czternastu latach znowu wchodzę do *manyatty*. Ostrożnie przeciskam się koło paleniska, aby usiąść z tyłu na krowiej skórze. W zdenerwowaniu nie jestem dość uważna, od razu zawadzam o jedną z wierzbowych gałązek wystających ze ścian i ocieram sobie ramię. Na szczęście ranka, choć krwawi, nie jest zbyt duża. Mama dla wszystkich przygotowała gorącą herbatę *chai*. Na ręku trzyma najmłodsze dziecko Jamesa, huśta je delikatnie i coś mu śpiewa. Widzę tylko małe, gołe nóżki niemowlęcia, które wystają spod koszulki. Głowa jest przykryta wielką czapką, tak że nie można zobaczyć jego twarzyczki. Według tradycji Samburu przez kilka pierwszych tygodni nowo narodzonego dziecka nie wolno pokazywać nikomu spoza najbliższej rodziny. U Samburu istnieje swego rodzaju wiara w czary, toteż boją się, że ktoś mógłby źle życzyć niemowlęciu, sprowadzić na dziecko nieszczęście czy nawet śmierć. Pamiętam doskonale jak to było, kiedy wyszłam ze szpitala z małą Napirai i przyjechałam do domu. Byłam taka dumna i chciałam każdemu pochwalić się moją słodką dziewczynką, ale mama na to nie pozwoliła. Kazała mi zostawiać małą w domu, a gdy chciałam z nią wyjść, musiałam przykrywać jej twarz chustką. Jeszcze dzisiaj czuję, jakie to było dla mnie przykre.

Mama poleca jakiejś młodej dziewczynie z *kraalu* odnieść dziecko. W chacie unosi się lekki dym, ale ja od razu czuję się tu swojsko i z przyjemnością przyjmuję gorącą herbatę. Lketinga zajmuje miejsce obok mnie, natomiast Klaus i Albert, przywitawszy się z mamą, zostają na zewnątrz i siadają przy wejściu. Mama siedzi naprzeciwko nas na swojej krowiej skórze. Ten kąt to jej prywatna przestrzeń i nikt, z wyjątkiem małych dzieci, nie ma tu wstępu. Kawałek ściany za plecami mamy jest osłonięty blachą falistą. Pod ścianą, na ziemi, leży stary koc, a nad nim wisi stara, okopciała moskitiera. Z boku stoi osobista metalowa skrzynka mamy, kluczyk do niej moja teściowa zawsze nosi na szyi. Przechowuje w niej kilka ważnych przedmiotów swojego długiego życia. Ponadto skrzynia służy jako miejsce do stawiania dwóch kubków do herbaty i różnych puszek. Obok paleniska stoi garnek z herbatą i osmalona patelnia. Na ziemi, między paleniskiem a jedną z bosych stóp mamy zauważam odcięty, oblepiony skrzepłą krwią łeb zabitego wczoraj kozła. Mama ugotuje pewnie tę głowę w ciągu dnia. Przy ściance działowej drzemie uwiązana malutka nowo narodzona kózka.

Obok mnie stoi inna metalowa skrzynka, na której rozpoznaję kilka przedmiotów należących do Lketingi – wynika z tego, że mój były mąż mieszka tymczasowo u matki, a jego młoda żona gdzieś w pobliżu buduje nowy dom. Obyczaj Samburu zabrania mężczyźnie wprowadzić się z trzecią żoną do domu drugiej. Właściwie chciałam jakąś noc spędzić w *manyatcie* mamy, ale po tym, co zauważyłam, muszę zrezygnować. Nie chcę być przyczyną niepotrzebnych napięć.

Popijając gorący *chai*, przysłuchuję się, jak Lketinga rozmawia z matką.

Rozmowa staje się coraz bardziej gwałtowna, więc pytam, co się stało. Mama jest zła, bo zabrakło kukurydzy i nie może ugotować dla dzieci *ugali*. W dodatku jakieś kobiety zaczepiały ją i pokpiwały, że do tej pory nie dostała od nas żadnych prezentów w postaci żywności. Lketinga wyjaśnia mamie, że wczoraj wszystko zostało przeniesione do domu Jamesa i wieczorem, kiedy James wróci, razem chcą rozdać prezenty. Mama, wyraźnie udobruchana słowami Lketingi, znowu spogląda na nas z przyjazną miną. Ale ponieważ do wieczora jeszcze długi czas, a wszyscy są głodni, przynosimy do *manyatty* jeden z przywiezionych worków mąki. Mama dziękuje z ponurym raczej wyrazem twarzy, co wkrótce znajduje wyjaśnienie. Prawie natychmiast o wejście do chaty prosi kilka kobiet. Robimy im miejsce i wychodzimy. Zresztą i tak chcieliśmy już wybrać się nad rzekę.

NAD RZEKĄ

Poszukując śladów przeszłości, pragnę zacząć od miejsca, gdzie dawniej stała nasza *manyatta*. Po suchym, ciernistym terenie człapiemy na drugą stronę wsi. Klaus ma przy sobie kamerę filmową, Albert – aparat fotograficzny. Kiedy dochodzimy do wzniesienia, widzę tylko kilka wysuszonych ciernistych gałązek, które przypominają, że kiedyś stał tu *kraal*. Na piaszczystej, czerwonobrunatnej ziemi nic więcej nie da się rozpoznać. Jedynie akacja, pod którą mama zawsze zasiadała z dziećmi, dalej stoi samotna i zagubiona na sawannie. Lketinga i ja opowiadamy naszym towarzyszom, jak tutaj żyliśmy. Potem maszerujemy do rzeki, tą samą drogą, którą chodziłam przez kilka lat. Inaczej niż dawniej, kiedy zawsze spotykałam po drodze jakieś kobiety, dzisiaj nie widać tu nikogo. Przecież we wsi jest teraz ujęcie wody.

Lketinga najnaturalniej w świecie bierze ode mnie plecak i zarzuca go sobie na ramię. Idziemy przodem. *You remember this way?* – pyta. Odpowiadam twierdząco. Pamiętam doskonale, jakby to było wczoraj. Dalej idziemy w milczeniu. Od czasu do czasu zaczepiam spódnicą o jakąś ciernistą gałąź. W Barsaloi noszę wyłącznie spódnice, gdyż spodnie dla kobiet uważa się tu za nieprzyzwoite.

Prawie dochodzimy do rzeki, kiedy Lketinga zaczyna mówić o filmie i książce. Z pretensją w głosie pyta: „Dlaczego ktoś mnie gra? To przecież nie jestem ja. Po co to wszystko? Czy znasz tego mężczyznę? Co on ma wspólnego z nami?". Te pytania spadają na mnie nieoczekiwanie, bo właśnie zamyśliłam się nad naszym dawniejszym życiem, i z początku nie wiem, co odpowiedzieć. Ostrożnie wyjaśniam Lketindze, że osoby w filmie faktycznie nie mają z nami nic wspólnego. Przecież ja także nie gram siebie: „Gra mnie kobieta, której ty nie znasz. Mama to też nie mama, a James – to nie James. Tak właśnie jest w filmie, to najzupełniej normalne. Wielu ludziom w Europie podoba się nasza historia, chcieliby wiedzieć, jak wygląda życie tutaj. Film im to umożliwia".

Lketinga słucha uważnie, milczy przez chwilę, a potem mówi: „Ale do nas co rusz przychodzą jacyś obcy ludzie i opowiadają, że chcesz mnie oszukać, że w Szwajcarii masz samolot, dużo domów i wielkie samochody". Te absurdalne wyrzuty w pierwszej chwili odejmują mi mowę, ale zaraz pytam Lketingę, co to za ludzie, którzy opowiadają takie kłamstwa. Odpowiada, że ich nie zna, przybywają z różnych miejsc, także ze

Szwajcarii i może mnie znają. „Nie wiem, czy to prawda, czy nie. Czasem z pustyni przychodzą do domu wojownicy i też opowiadają takie historie".

Czuję się dotknięta i jest mi bardzo smutno. Mimo to usiłuję zachować spokój, kiedy odpowiadam Lketindze, choć nieco bardziej energicznym tonem: „Przecież nawet nie znasz tych ludzi, a mnie znasz od osiemnastu lat. Mieszkałam w Barsaloi i robiłam wszystko, żebyśmy byli szczęśliwi, żeby w ogóle móc tu żyć. Wyjechałam, bo nie przeżyłabym, gdybym została. Opuściłam ten kraj kompletnie bez środków do życia, a mimo to wspieram twoją rodzinę. Uważasz, że to takie zwyczajne? Gdybym była złym człowiekiem, to przez te wszystkie lata nie troszczyłabym się o ciebie i o twoją rodzinę. W moim kraju nie jest przyjęte, że kobieta wspiera mężczyznę, kiedy go opuści. Pomagałam wam nawet wtedy, kiedy nie miałam pracy, a po sukcesie książki – jeszcze więcej. Wydawnictwo i ludzie z filmu też wam pomagają. A ty? Myślisz, że na moim miejscu zrobiłbyś to wszystko dla mnie?".

Lketinga spogląda na mnie i mówi nieco spokojniej: „Nie, nie sądzę, ale nie wiem na pewno. Nie rozumiem też, dlaczego ludzie wygadują takie rzeczy. Przyjechali nawet dziennikarze. Chcieli, abym powiedział o tobie coś złego. Odpowiedziałem im, że dla mnie ciągle jesteś żoną, chociaż mieszkasz w Szwajcarii. Pomagasz mi i nie wiem, dlaczego miałbym mówić o tobie źle. Nadal należysz do naszej rodziny i jesteś matką mojego dziecka. Po prostu nie gadałem więcej z tymi ludźmi".

Odpowiadam, że to najlepsze, co mógł zrobić. A potem próbuję mu wyjaśnić, że chodzi o zwyczajną ludzką zawiść. Przypominam Lketindze o czasach w Mombasie, o tych wszystkich intrygach. Wielu spośród tak zwanych przyjaciół w rzeczywistości było naszymi wrogami, zazdrościli nam i źle życzyli. Tylko dlatego, że byłam młoda, ładna i jak na afrykańskie warunki – bogata.

„A dzisiaj dostajecie pomoc – mówię dalej. – Posiadacie duże stado zwierząt, James ma dom, a i ty będziesz miał porządny drewniany dom dzięki pomocy ludzi z filmu. Jeśli będziecie mądrze obchodzić się z pieniędzmi, nie musicie więcej głodować. Wszystko dlatego, że kiedyś miałeś odwagę poślubić białą kobietę. Myślę, że tak właśnie widzą to ludzie. Przecież coś takiego musi budzić zazdrość i ci, co mają mniej, wymyślają takie rzeczy, żeby nas poróżnić. Owszem, mam w Szwajcarii samochód, ale przecież zawsze miałam, także w Afryce. Nie mam własnego domu, jak opowiadają ci różni ludzie, tylko wynajmuję dom i co miesiąc płacę czynsz. A z opowieści o własnym samolocie można się tylko śmiać".

Faktycznie. Mimo przykrości, jaką sprawia mi ta zawiść, na myśl, że rozbijam się po okolicy własnym samolotem, trudno mi powstrzymać uśmiech. Lketinga spogląda na mnie nieco urażony i mówi swoim lekko schrypniętym głosem: „*It's okay. I belive you, really*. Teraz, kiedy mi to wszystko wyjaśniłaś, wierzę ci. Czasem jednak nie wiem, co jest prawdą. James też tyle mi opowiada, a ja muszę mu po prostu wierzyć. Myślę, że ponieważ chodził do szkoły, chciałby zrobić karierę, jak jakiś minister. Ale ja jestem Samburu, prawdziwy Samburu. Mam moje zwierzęta i rodzinę. *This is okay for me*".

Biorę Lketingę za rękę i patrząc mu w oczy, mówię do niego wyraźnie i dobitnie: „Nie wróciłabym tutaj, gdybym kiedykolwiek zrobiła celowo coś nieuczciwego. Wyjeżdżając, chciałam tylko uratować życie. Myślę, że możesz ufać także swojemu bratu. Komu będziesz wierzył, jeśli nie własnej rodzinie?". Po tych słowach odwracam się. Jestem wzruszona i wzburzona. Chcę się uspokoić, zwłaszcza że Albert i Klaus już nas prawie doganiają.

Tymczasem dochodzimy do wyschniętego koryta rzeki. Z radością stwierdzam, że tak jak dawniej panuje tu o tej porze ożywiony ruch. Na wprost widzimy kilka wielbłądów, stoją wokół wypełnionego wodą dołu, skąd dobiega wesoły śpiew. Czyjeś ramiona w regularnym rytmie czerpią wiadrem wodę i sprawnie wylewają do zagłębienia wyłożonego kawałem plastiku. Zwierzęta natychmiast łapczywie wychłeptują drogocenny płyn. Kiedy podchodzimy bliżej, wielbłądy odwracają się i odbiegają powolnym kłusem. Wojownik, którego ramiona widzimy, spogląda w górę, przestaje śpiewać i wychodzi z dołu. Patrząc na nas nieufnie, odpowiada na powitanie Lketingi. Potem powoli oddala się w ślad za zwierzętami.

O tej porze ze wszystkich stron schodzą się nad rzekę dziewczęta, chłopcy i wojownicy, prowadząc swoje trzody. Już po krótkim czasie w korycie rzeki dosłownie roi się od setek zwierząt – przeważnie kóz, ale są wśród nich także pojedyncze owce – we wszystkich barwach i odcieniach. W odległości około 200 m od nas można dostrzec niewielki strumyczek. Wokół tej cienkiej strużki duże połacie piasku mają ciemniejszą barwę, co oznacza, że pod powierzchnią płynie woda. Dalej, w dół rzeki, była dawniej nasza „umywalnia", gdzie myliśmy się z Lketingą. Dzisiaj nie ma już tutaj wody.

Powoli idziemy w kierunku zwierząt. Tradycyjnie ubrane dziewczęta za pomocą niewielkich kijków starają się utrzymać w grupie swoje stadka. Wśród zwierząt paradują wojownicy. Niektórzy mężczyźni, zamiast w tradycyjne dzidy – są uzbrojeni w karabiny. Lketinga wyjaśnia mi, dlaczego: „Od czasu krwawego konfliktu z ludem Turkana wielu tutaj ma broń". Atmosfera staje się niemal groźna. Następną rzeczą, którą zauważam, jest to, że młode dziewczęta nie noszą już na biodrach garbowanych, ozdobionych szklanymi paciorkami skór. Pod *kangami* mają europejskie, przeważnie kraciaste, spódnice. Lecz tak jak dawniej ich nagie piersi okrywają tradycyjne ozdoby.

Zewsząd dobiega meczenie wystraszonych, zdenerwowanych kóz. Lketinga co rusz zamienia parę słów z jakimś wojownikiem. Idziemy dalej, w stronę wspaniałego, potężnego drzewa, które króluje nad rzeką na niewielkim wzniesieniu i wprost zaprasza, by pod nim usiąść i wypocząć. Lketinga i ja zajmujemy miejsce na olbrzymim wystającym korzeniu i przyglądamy się barwnej krzątaninie nad rzeką. Klaus z zapałem utrwala na taśmie filmowej malownicze, pradawne sceny.

W pewnej chwili Lketinga pokazuje na młodą dziewczynę, która właśnie zbliża się do rzeki ze swoim stadem. Rozpoznaje ją z daleka i mówi, że to Natasza. Dźwięk tego imienia natychmiast przywołuje wspomnienia. To ja przed szesnastu laty nadałam imię tej dziewczynie. Byliśmy wtedy w Sitedi, z wizytą u jednego z braci przyrodnich Lketingi. Pamiętam, jak podano mi nowo narodzone dziecko. Zapytałam o imię dziewczynki, a wtedy jej matka roześmiała się i powiedziała: „Nie ma jeszcze imienia, ty nadaj jej jakieś imię *mzungu*". I właśnie „Natasza" jako pierwsze przyszło mi do głowy. Miło mi, że dziewczyna faktycznie nosi to imię.

A teraz Natasza stoi zaledwie o kilka metrów od nas. Mówię, że chciałabym się z nią przywitać. Lketinga idzie i przyprowadza ją po chwili. Oczywiście Natasza mnie nie zna, wie tylko, że to ja nadałam jej imię. Jest bardzo nieśmiała i nie odzywa się nawet słowem. Jej ubranie jest stare i połatane. Jestem na siebie zła, bo nie mam nawet żadnych słodyczy, żeby ją poczęstować.

Zwierzam się z mojego kłopotu Lketindze, który radzi mi, że najlepiej będzie, jak wręczę Nataszy parę szylingów. Wtedy będzie mogła szybko pobiec do wsi i kupić sobie piękną *kangę*. To dobry pomysł, mam tylko jedną obawę – kto w tym czasie przypilnuje kóz Nataszy? Ale i na to jest rada. Lketinga zamienia parę słów z jakimś wojownikiem, który poi swoje stado nad rzeką. Mężczyzna zgadza się przypilnować zwierząt Nataszy. Dziewczyna bierze pieniądze i wielkimi susami pędzi do Barsaloi.

Podczas jej nieobecności co chwila spoglądam na stado. Mam nadzieję, że żadna koza nie zaginie, bo to byłaby dla dziewczyny kiepska zamiana. Jak dawniej nie mogę się nadziwić, jak też pasterze rozpoznają swoje zwierzęta. Większość kóz jest biała i według mnie wygląda identycznie.

Ponownie zasiadamy w cieniu drzewa, a ja rozkoszuję się pięknym widokiem na rzekę i okolicę. Nieco dalej siedzą na piasku dwaj nadzy wojownicy i myją swoje ciemne, powabne ciała. Ich czerwone *kangi* suszą się w gorącym słońcu, rozłożone na skalnym występie. Nikt nie zwraca na mężczyzn uwagi. Wszystko wokół tchnie harmonią i niemal biblijnym spokojem.

Niedługo potem słyszę, jak Lketinga mówi: *Natasha is coming back*. Rzeczywiście, w podskokach nadbiega drogą, w słonecznie żółtej chuście na ramionach. To cudowne widzieć, jaką radość sprawia jej trzepotanie materiału na wietrze. Podchodzi do nas i dziękuje nieśmiało. Chce mi oddać tych parę drobnych reszty, co naprawdę mnie wzrusza. Mnie ten prezent prawie nic nie kosztował, a ona wprost nie posiada się ze szczęścia, że ot tak, po prostu, dostała coś nowego do ubrania. Cieszę się razem z nią, a potem patrzę, jak szybkim krokiem wraca do swojej trzody.

Przez chwilę myślę o Napirai, która jest mniej więcej w tym samym wieku. Znalezienie dla niej czegoś odpowiedniego do ubrania wymaga znacznie więcej wysiłku. To piękne przeżycie z Nataszą podnosi mnie na duchu i poprawia nastrój. Stopniowo odprężam się po trudnej rozmowie z Lketingą. Jednak ciągle jeszcze da się wyczuć wyraźne napięcie i dystans między nami.

Wraz z narastającym upałem koryto rzeki z wolna pustoszeje. Nagle zjawia się przede mną stara kobieta i wskazuje na swoje piszczele, z wysuszoną, spękaną, niemal szarą skórą. Daje do zrozumienia, że potrzebuje maści. Niestety, nie mogę jej pomóc. Przynajmniej Klaus ma krem do opalania. Daje go kobiecie, a ona, zadowolona, znika równie nagle i niepostrzeżenie, jak się pojawiła. My także zbieramy się do powrotu. Wokoło, w pobliżu brzegów rzeki, widać wszędzie kozy leżące w cieniu drzew. O tej porze jest tak gorąco, że bez obuwia nie dałoby się iść po piaszczystej ziemi.

Nasz dawny sklep

We wsi panuje cisza i spokój, ludzie pochowali się w chatach albo odpoczywają w zacienionych miejscach. Postanawiam zobaczyć nasz dawny sklep. Zaraz też dochodzimy do zrujnowanego budynku, po którym jednak można poznać, jak duży i porządny był kiedyś ten nasz sklep. Teraz ze ścian odpada farba, okna są zakratowane, a drzwi zamknięte. Nad wejściem wyskrobano na murze napis „Hotel". Właśnie próbuję zajrzeć do środka, kiedy nagle otwierają się drzwi, omal nie wypadając przy tym z zawiasów. Okazuje się, że właścicielem budynku jest mężczyzna, który tuż po moim przybyciu do wsi tak gorąco się ze mną witał. Wyraźnie widać i czuć, że ma problem z alkoholem. Zaprasza nas do środka i ze szczegółami opowiada Klausowi i Albertowi, jak ciężko pracowałam w tym sklepie. Najwyraźniej zna moją historię i nadal jest dla mnie pełen podziwu. Niestety, nie mogę go sobie przypomnieć.

Kiedy potem zagaduję o niego Lketingę, ten tylko macha ręką i mówi: „Ach, nie gadaj z nim, on jest stuknięty!". Ale mnie ten mężczyzna nie wydaje się ani stuknięty, ani głupi. Jakiś czas temu wynajął nasz sklep i przerobił go na hotel. Rozglądam się i ze złości omal nie trafia mnie przysłowiowy szlag. Nasze dawne półki sklepowe spróchniały albo są połamane. Wszystko aż lepi się od brudu. Na zapleczu, gdzie dawniej mieszkaliśmy, urządzony jest ten tzw. hotel. Duże pomieszczenie jest podzielone na mniejsze wielkimi chustami, które mają zapewnić odrobinę prywatności. Nie ma żadnych materacy, nie mówiąc już o łóżkach. Kiedy o to pytam, mężczyzna wyjaśnia, że nie są potrzebne, bo jego goście i tak śpią na ziemi. Czuję lekkie obrzydzenie i rozczarowana opuszczam budynek, który kiedyś był pierwszym w Barsaloi sklepem spożywczym z prawdziwego zdarzenia, i w którym ciężko harowałam od świtu do zmroku.

Kiedy potem idziemy dalej przez wieś, słyszę zewsząd pozdrowienia: „Mama Napirai". We wsi i w *kraalu* mojej afrykańskiej rodziny jest spokojnie i cicho. Dorośli pochowali się przed upałem, dzieci są w szkole albo w buszu ze zwierzętami. W *kraalu* jest tylko cicha i nie zwracająca na siebie uwagi Stefania oraz jej dzieci: Saruni i mały Albert. Lketinga pyta troskliwie, czy nie jesteśmy głodni. Na to pytanie można odpowiedzieć tylko twierdząco, toteż proponuję, że ugotujemy coś razem ze Stefanią. Mężczyźni przystają na to i zostawiają nas. Lketinga idzie pewnie do swojej nowej żony, a Klaus i Albert udają się do naszego obozu, by uciąć sobie małą drzemkę.

Między kobietami

Postanawiamy ze Stefanią ugotować danie z ryżu, marchwi, kapusty i mięsa. W małej kuchni wisi na gwoździu obok okna przednia noga ubitego wczoraj kozła. Stefania zdejmuje ją i podaje mi do przytrzymania. Wielką maczetą odcina, tuż przy moich palcach, małe kawałki mięsa. Wolę nie myśleć o tym, że to surowe mięso cały dzień wisiało tu w upale, bez lodówki. Wkładamy wszystko do wielkiego garnka, a Stefania, ku mojemu zdumieniu, dodaje gotowych przypraw. Za moich czasów używało się tylko soli.

Próbuję nawiązać rozmowę, ale nie za bardzo mi się to udaje, chociaż Stefania dobrze mówi po angielsku. Odpowiada wprawdzie na pytania, ale sama się do mnie nie odzywa. Młode kobiety tutaj nie są nawykłe do rozmawiania z obcymi, nie mówiąc już o mężczyznach.

Kiedy potem zagaduję o to Jamesa, potwierdza moją obserwację: „Tak, to normalne, że kobiety Samburu nie mówią wiele. Z wykształconymi, jak Stefania, jest lepiej. My omawiamy ze sobą pewne sprawy. Ale moi bracia, a właściwie wszyscy ze starszego pokolenia, uważają, że kiedy już trzeba rozmawiać z kobietą, należy używać niewielu słów i formułować krótkie, dobitne zdania. Dziewczyna czy kobieta, która mówi dużo i głośno, nie będzie posłuszna mężowi. U nas niemal zawsze mężczyzna rozwiązuje problemy, i to on decyduje. Kobieta ma się bez dyskusji podporządkować".

Po raz kolejny uzmysławiam sobie, że w oczach tutejszych ludzi z pewnością nie odpowiadałam idealnemu obrazowi kobiety. Zwykle ja rozwiązywałam problemy, i to nie zawsze cicho i spokojnie.

Wbrew zapewnieniom Jamesa, jakoś nie zauważyłam, żeby on sam dłużej rozmawiał ze swoją żoną albo zaprosił ją do wspólnej rozmowy. Stefania niemal zawsze trzyma się z dziećmi na uboczu, przysłuchuje się bez słowa albo gotuje dla nas herbatę. A ponieważ także nigdy z nami nie je, nie udaje się nawiązać z nią bliższego kontaktu.

Kiedy jedzenie gotuje się już na kuchence, wchodzi siostra Lketingi i prosi mnie, abym poszła do chaty mamy. W *manyatcie* zastaję mamę drzemiącą na krowiej skórze. Podnosi się natychmiast i śmieje do mnie. Siostra Lketingi wprawnie dmucha w żar i *manyatta* na chwilę wypełnia się dymem, ale zaraz potem na palenisku rozpala się ogień. Kobieta stawia na nim garnek z przypieczonymi kawałkami mięsa i daje do zrozumienia, że to dla mnie!

Mama ugotowała moją ulubioną potrawę! Pamiętała, że najbardziej smakowało mi takie właśnie mięso, przyrządzone przez nią. Z przyjemnością rzucam się na jedzenie. Przez chwilę mam wyrzuty sumienia z powodu Alberta i Klausa, którym z pewnością żołądki burczą z głodu, gdy tymczasem ja się tutaj objadam. Mama patrzy spokojnie i co chwila mnie zachęca: *„Tamada, tamada* – bierz, bierz". Uśmiecha się, gdy chwalę potrawę, chociaż z pewnością nie rozumie dokładnie tego, co mówię.

Złości mnie, że po tych czternastu latach nie umiem rozmawiać bez tłumacza. Jak ja to robiłam wtedy? Siostra Lketingi mówi trochę *kisuaheli* i od czasu do czasu chwytam jakieś słowo, ale nie potrafię odpowiedzieć. W końcu domyślam się, że między innymi prosi mnie o pieniądze. Wygrzebuję dwa banknoty i jeden wręczam siostrze, a drugi, o większej wartości – mamie. Siostra Lketingi natychmiast ukrywa pieniądze pod ozdobami na szyi, mama natomiast wsuwa nogą swój banknot pod krowią skórę. Chociaż w przeliczeniu jest to zaledwie około dziesięciu euro, jestem przekonana, że jeszcze nigdy nie widziała banknotu o takiej wartości. Bo i skąd mama miałaby wziąć tyle pieniędzy? We wszystko, czego potrzebuje, zaopatruje ją James. Obie kobiety, bardzo zadowolone, dziękują mi słowami: *Ashe oleng.*

Nowe życie Jamesa

Niedługo potem słyszę warkot motocykla Jamesa. Ponieważ jedzenie w domu musi już być gotowe, wracam i witam się z Jamesem, który wygląda na bardzo zmęczonego. Saruni od razu rzuca się do taty i przytula do niego. Mała po prostu uwielbia Jamesa. A ten natychmiast zaczyna opowiadać. Z jego ust płynie potok słów. Opisuje, jak przebiegła wizytacja, przez którą musiał dzisiaj koniecznie pojechać do szkoły, chociaż czuje się zmęczony i chory. Chyba ma lekki atak malarii. Rzeczywiście, na jego twarzy perlą się kropelki potu.

Tutaj od czasu do czasu każdy choruje na malarię. Dla ludzi zdrowych i silnych taki atak to zwykle coś w rodzaju niezbyt ciężkiej grypy, choroba mija po kilku dniach. Ale z malarią nie ma żartów. W Kenii jest to nadal jedna z najczęstszych przyczyn zgonów. Dzięki Bogu objawy u Jamesa nie są zbyt silne, no i może w ogóle nie jest to malaria.

Kiedy siedzimy razem tego wieczoru, uzmysławiam sobie, że James żyje właściwie jak Europejczyk i podlega prawie takim samym stresom. Ma dużo pracy jako kierownik szkoły, razem z misją organizuje różne akcje i przedsięwzięcia, trzyma pieczę nad liczną rodziną, pomaga Lketindze przy budowie domu, troszczy się o zaopatrzenie swojego sklepu. Załatwia sprawy, gonią go terminy, a tymczasem świat wokół niego w pewnym sensie stoi w miejscu. Bez motocykla nie podołałby tym wszystkim obowiązkom. Jednocześnie, ponieważ James go ma, każdy oczekuje od niego, że może załatwić jeszcze więcej. Ten motocykl to zarazem błogosławieństwo i przekleństwo. Na przykładzie Jamesa łatwo zobaczyć, że postęp niemal automatycznie prowadzi do nerwowości i pośpiechu. James nie załatwia przecież swoich spraw szybciej po to, żeby zyskać więcej wolnego czasu. Załatwia wszystko w jak najkrótszym czasie po to, by móc wziąć na siebie jeszcze więcej. Pod względem materialnym jego życie zyskało. Lecz James jest tak przeciążony obowiązkami, że ucierpiało na tym jego zdrowie. Często zdarza się, że jest w stanie pojechać do pracy dopiero wtedy, kiedy zażyje tabletki od bólu głowy. Jakie to europejskie! Z pewnością mógłby mniej się angażować, ale najwyraźniej i on jest już zarażony wirusem „sukcesu za wszelką cenę". Mówi mi, że chciałby się dalej kształcić i właśnie zapisał się na kursy na uniwersytecie w Nairobi.

Po jakimś czasie wraca Lketinga i wszyscy zasiadamy przy stole przed pełnymi talerzami. James je za dwóch i dlatego nie sądzę, aby rzeczywiście miał atak malarii. Stefania i dzieci jedynie się przyglądają, toteż my troje czujemy się nieco niezręcznie. Ale James nas uspokaja i mówi, że jego żona i dzieci zjedzą później, kiedy my się nasycimy. Nie ma w tym nic niezwykłego, według tradycji Samburu najpierw jedzą mężczyźni, potem dopiero kobiety i dzieci. Zatem ja jestem tutaj uważana poniekąd za mężczyznę.

UPOMINKI

Nie mogę się wprost doczekać, kiedy skończymy jedzenie i będę mogła rozdać przywiezione prezenty. Kiedy wreszcie nadchodzi ta chwila, do domu Jamesa przychodzi mama. Po raz pierwszy widzę, jak zajmuje miejsce na krześle. Siedzi z godnością, opierając się na długim, cienkim kiju. Mimo to widać, że nie czuje się za dobrze w tym otoczeniu, chociaż dom Jamesa jest oddalony od jej *manyatty* ledwie o dwadzieścia kroków. Oprócz mojej najbliższej rodziny obecna jest także siostra Lketingi, jego nieznany mi wcześniej brat, no i gromada dzieci.

Zaczynam od ubranek, koszulek i sweterków dla niemowlęcia, małego Alberta, Saruni i siostry przyrodniej Napirai, Shankayon. Dla niej mam dwie ładne spódnice. Potem kilka spódnic dostaje mama. Pierwsza jest z porządnego, mocnego materiału w kolorze ciemnozielonym. Na twarzy mamy żadnej reakcji. Druga spódnica jest nieco jaśniejsza. Mama dalej siedzi nieporuszona. Dopiero kiedy wyjmuję i podaję jej trzecią spódnicę, w kolorowe kwiaty, mama nie potrafi ukryć radości. Z uznaniem spotyka się także chusta na ramiona, w kolorze królewskiego błękitu. Mama jest zadowolona. Nieznany mi brat Lketingi dostaje koc, siostra i żona Jamesa otrzymują po spódnicy i po *kandze*. Lketinga obserwuje wszystko bardzo uważnie i pyta ze śmiechem, czy może mam coś i dla niego w pustej już prawie torbie. Wręczam mu czerwono-żółty koc, zszyty z dwóch części, któremu wszyscy przyglądają się z zaciekawieniem, a także spódnicę dla jego żony. Nie wiedziałam przecież, że Lketinga ma teraz dwie żony. Ponieważ nie ma tutaj żadnej z nich, będzie musiał sam zdecydować, która dostanie prezent. Mężczyźni otrzymują jeszcze koszule, Lketinga naturalnie czerwoną. Potem przychodzi kolej na proste zegarki dla Lketingi i jego żony oraz Jamesa i Stefanii – i w ten sposób moja torba zostaje opróżniona.

Ale i Albert ma prezenty dla rodziny. Wszystkie rzeczy są oglądane i oceniane z wielkim zdziwieniem, a oczy obdarowanych błyszczą z zadowolenia jak u małych dzieci. W końcu mój wydawca wypakowuje jeszcze lornetki dla Lketingi i Jamesa. Z początku obaj nie wiedzą, co z nimi zrobić. Albert wychodzi z mężczyznami na zewnątrz i pokazuje, do czego służą. James trzyma lornetkę przy oczach, pokręca śrubą i nagle wykrzykuje w wielkim podnieceniu: „Widzę *manyattę* tam daleko, pod górą, a przed nią leżą dwie kozy! Widzę tak wyraźnie, jakby to było obok! Nie do wiary!". Lketinga także tak długo pokręca śrubą, aż i jemu udaje się nastawić ostrość. Bracia stoją obok siebie z lornetkami przy oczach i podekscytowani rozmawiają w niezrozumiałym dla nas języku *maa*. Wygląda to tak komicznie, że wszyscy wybuchają śmiechem. Nawet Stefania, która zwykle trzyma się z boku, przełamuje nieśmiałość i też chce spojrzeć przez lornetkę. Nie mówiąc już o dzieciach. Spośród wielu prezentów właśnie lornetki wzbudziły największy entuzjazm.

Kiedy już wszyscy ochłonęli z emocji i wrócili do domu, wyjmuję na koniec radioodtwarzacz. Mam przy sobie kasetę z nagranymi głosami mojej szwajcarskiej rodziny. W pokoju robi się nagle bardzo cicho. Obecni w skupieniu słuchają słów mojej matki, jej męża Hanspetera i mojego rodzeństwa. Kiedy rozlega się silny głos mojego brata, wszyscy wybuchają śmiechem. Lketinga rozpoznaje, że to on, kiwa głową i mówi: *Yes, yes, I remember Jelly and Eric, really, I remember!*, a w jego lekko schrypniętym głosie słychać prawdziwą radość. Po krótkiej przerwie po raz pierwszy słucha głosu swojej córki Napirai. W napięciu siedzi prosty jak świeca na krześle i z nieporuszoną twarzą przysłuchuje się jej słowom. Kiedy na koniec rozbrzmiewa szwajcarska muzyka ludowa grana na harmonii, Lketinga spogląda na mnie i mówi: *Okay, it's okay! I remember all and wait for my child.*

James jest zachwycony tym prezentem i dziękuje mi serdecznie. Wprawdzie zauważa, że urządzenie wymaga ośmiu baterii, co tutaj, w Kenii, będzie bardzo drogo kosztowało. „Nawet szkoła nie ma tak drogiego sprzętu" – mówi w zamyśleniu. Wyjaśniam mu, jak obsługiwać kieszeń CD, bo czegoś takiego jeszcze nie widział.

Niedługo po odsłuchaniu taśmy mama wraca do swojej *manyatty*. Pozostali oglądają prezenty, porównują zegarki i lornetki, sprawdzają gatunek tkanin.

Niestety, nie wszystkie dzieci dostały upominki, dla kilkorga niczego nie mam, bo po prostu nie wiedziałam, że mieszkają w *kraalu*. Są częściowo na utrzymaniu Jamesa. Wykonują różne prace w domu, za co dostają jedzenie i mają zapewniony dach nad głową. Wygląda na to, że rodziny, które mieszkają w oddalonych miejscach, wysyłają swoje dzieci do krewnych we wsi, żeby mogły one chodzić do szkoły. Serce mi się kraje, że poza słodyczami nic nie mam dla tych dzieciaków. W domu leży tyle rzeczy, z których wyrosła Napirai. Tutaj każde dziecko byłoby przeszczęśliwe, gdyby dostało jakiekolwiek ubranie, nawet za duże albo za małe. Lketinga uspokaja mnie i mówi, żebym się tak nie martwiła. Dzieciaki i tak są zadowolone.

Mniej więcej za dwie godziny do *kraalu* wrócą zwierzęta. A ja przedtem chciałabym pójść do naszego obozu i wreszcie chociaż trochę się umyć, jeszcze przy świetle dziennym, w ciepłych promieniach słońca. Lketinga natychmiast załatwia dla mnie plastikową miskę. Po prostu posyła po nią do pobliskiej *manyatty* jakąś dziewczynkę. Miło widzieć, jak wszyscy nawzajem sobie pomagają. Zwróciłam na to uwagę podczas wizyty w chacie mamy. Kiedy przyszliśmy do niej na herbatę, nie miała aż sześciu filiżanek. Wysłała więc do sąsiadów jakąś dziewczynkę z prośbą o ich pożyczenie.

Stąd zwyczaj, że u babci zawsze mieszka jakaś dziewczynka. Jej zadaniem bowiem jest wyręczanie i pomaganie starszej kobiecie. Tradycyjnie babka wychowuje pierworodne córki swoich kolejnych dzieci. Teraz mojej teściowej dużo pomaga Shankayon. Odkąd jej matka przed kilkoma miesiącami wróciła do swojej wsi, Shankayon mieszka u babci. Lketinga nie potrafi mi powiedzieć, kiedy i czy w ogóle jego żona wróci do Barsaloi. Mówi, że ciągle jeszcze niedomaga po licznych poronieniach, które przeszła. Oczywiście Shankayon ma tutaj ojca. Jednak od razu zauważam, że Lketinga nie poświęca małej tyle czasu, co James swoim dzieciom. Swoją pierworodną córką, Napirai, interesował się o wiele bardziej, chociaż była jeszcze wtedy bardzo małym dzieckiem. Tymczasem tutaj z niemowlętami ojcowie mają mało do czynienia, tak jest przyjęte. James jeszcze ani razu nie pocałował przy nas swojego najmłodszego dziecka. Nie widziałam, aby brał je na ręce czy pieścił, tak jak pieści małego Alberta i Saruni.

Po niedługim czasie dziewczynka wraca z pożyczoną miską. Lketinga obmywa miskę, dopiero potem mi ją podaje. Znowu jestem wzruszona jego troskliwością i staraniem. Dziękuję i wracam do obozu.

W obozie jest spokojnie, nie ma nikogo. Napełniam miskę wodą i szukam ustronnego miejsca, gdzie mogłabym się umyć niewidziana przez nikogo. W kilka minut później jestem czysta. Przebrana w świeże ubranie, czuję się jak nowo narodzona. Właśnie gdy zamierzam udać się z powrotem do *kraalu*, słyszę, że ktoś mnie woła. Głos dobiega z misji. To zatrudniona tutaj pracownica, którą pamiętam jeszcze z dawnych czasów. Podczas naszej rozmowy napomyka o moim myciu: „Nie myj się na dworze, Corinne – mówi – to nie uchodzi kobiecie. Następnym razem przyjdź do misji, będziesz mogła wziąć prysznic".

Uradowana tą niespodziewaną propozycją dziękuję jej serdecznie i pytam, czy jest możliwość skontaktowania się z ojcem Giulianem, gdyż chcielibyśmy za kilka dni złożyć mu wizytę. Dowiaduję się, że dwa razy dziennie można się z nim połączyć przez radiotelefon – wczesnym rankiem, o siódmej albo wieczorem, o szóstej. W każdej chwili możemy przyjść do misji i skorzystać z radiotelefonu. Ucieszona tymi nowinami wracam do *kraalu*.

Tymczasem Klaus ze swoją kamerą stał się główną atrakcją *kraalu*. Oglądanie siebie na monitorze sprawia wszystkim ogromną przyjemność. Przecież wiele osób nie widziało dotąd nawet własnego odbicia w lusterku. No i Klaus siedzi teraz często na ziemi, w swoich jasnych spodniach, a wokoło niego tłoczy się i nachyla przynajmniej osiem głów. W dwa dni później Lketinga pyta mnie z szelmowskim uśmiechem, dlaczego Klaus ciągle nosi te swoje brudne spodnie, gdy on sam codziennie się dla nas przebiera.

ŻYCIE W KRAALU

Idę prosto do *manyatty* mamy. Mama siedzi przed chatą, przy niej zebrało się kilka kobiet. Znowu witają się serdecznie, ściskam wyciągnięte do mnie dłonie, patrzę w roześmiane twarze starszych i młodszych kobiet.

Nieco z boku siedzi jakaś kobieta z niemowlęciem na ręku i spogląda na mnie. Nie może być stara, chociaż czoło ma pomarszczone, a pod oczami ciemne kręgi. Kiedy się jej przyglądam, natychmiast odwraca oczy, nie odzywa się ani słowem. Jej twarz wydaje mi się dziwnie znajoma. Dopiero po dłuższej chwili, zmieszana i zaskoczona, przypominam sobie, że to musi być dziewczyna, przy której obrzezaniu byłam obecna przed laty.

Mój Boże, jak staro wygląda! Na jej twarzy maluje się wyraz rezygnacji. Wtedy miała około dwunastu lat. Pamiętam, że zajrzałam do chaty, gdzie odbywało się obrzezanie, a ona siedziała na krowiej skórze, dzielnie się uśmiechając, chociaż dwie godziny wcześniej została obrzezana żyletką, bez żadnego znieczulenia. Była taka młodziutka, a mimo to nie dała po sobie poznać bólu. Pamiętam, jakie wrażenie zrobiła na mnie wtedy jej postać w tej prostej *manyatcie*. Wyczołgałam się zawstydzona z chaty. Spodziewałam się, że zobaczę jęczące, skręcone z bólu ludzkie ciało... Co też stało się z tą dumną, pogodną dziewczyną?

Przede wszystkim widać, że musiała cierpieć głód. Zagaduję do niej. Pytam, czy nie mieszkała z nami po sąsiedzku. Uśmiecha się przelotnie, ale patrzy w bok. Nie daję za wygraną i mówię, że wiem, iż rozumie mój angielski, bo przez jakiś czas chodziła do szkoły. Teraz jej twarz na dłużej rozjaśnia się uśmiechem – może dlatego, że ktoś okazał jej zainteresowanie.

Po chwili zjawia się brat kobiety. Jest ubrany jak wojownik. On także wygląda starzej i jest bardziej zniszczony niż inni w jego wieku. Pozdrawia mnie moim imieniem. Z warg nie schodzi mu dość niesamowicie wyglądający uśmiech. Tej rodzinie musi się rzeczywiście źle powodzić, ale ja nie wiem, jak im pomóc. Nie mogę przecież stanąć tak po prostu na placu we wsi i rozdawać pieniędzy. Nieuchronnie wywołałoby to konflikt, a my musielibyśmy natychmiast uciekać, bo ludzie nie daliby nam spokoju. Ponieważ ciągle jestem otoczona przez gromadę ludzi, nie mogę nawet tym dwojgu potajemnie wsunąć pieniędzy.

Jeszcze się nad tym zastanawiam, gdy dobiega mnie dźwięk pierwszych dzwoneczków i pobekiwanie kóz. Zaraz potem w niewielkim szałasie za mną rozlega się tak przeraźliwe wołanie koźlątek, że nie można usłyszeć własnych myśli. W ciągu paru minut *kraal* wypełnia się białymi kozami, które rozbiegają się we wszystkich kierunkach. Mama przegania tę, która biegnie prosto do jej *manyatty*. Natychmiast zewsząd zbiegają się dziewczęta i kobiety, aby zacząć dojenie. Niektóre dziewczynki, mające niewiele ponad dziesięć lat, dźwigają na plecach młodsze rodzeństwo.

Lketinga, owinięty w nowy czerwono-żółty koc, paraduje dumnie wśród swoich zwierząt. Sprawdza kopyta i uszy kóz. James przebrał się na powrót zwierząt i ma teraz na sobie *kangę*. My, troje białych, zafascynowani przyglądamy się cowieczornym obrządkom. Od razu widać, że powrót dzieci wnosi do *kraalu* ożywienie i miłą atmosferę.

Jest to także pora sąsiedzkich odwiedzin. Zwykle do *kraalu* przychodzą starzy mężczyźni, aby wspólnie z innymi napić się herbaty. Dzisiaj wśród odwiedzających jest także właściciel „hotelu". Ukradkiem próbuje wyżebrać od Alberta parę szylingów na piwo. W pewnej chwili podchodzi do mnie i pokazując na młodą dziewczynę w wieku mniej więcej siedemnastu lat, oznajmia głosem spiskowca, że to nowa żona Lketingi.

Oddalona tylko o kilka metrów od nas doi właśnie kozę. Prawdopodobnie pilnowała części stada podczas wypasu gdzieś dalej, bo do tej pory jej nie widziałam. Biorąc pod uwagę fakt, że zamążpójście, a zatem i poprzedzające je obrzezanie, miały miejsce zaledwie przed miesiącem, chodzenie za kozami nie jest dla niej teraz łatwym zadaniem. Przyglądam się jej dyskretnie. To młoda, silna dziewczyna. Ma na sobie tradycyjne ozdoby Samburu. Sprawia wrażenie nieśmiałej i nieco zalęknionej. Nie ma w tym nic dziwnego, przecież mieszka tu dopiero od niedawna, a jej dom rodzinny jest oddalony o kilka godzin marszu. Z pewnością nie wie, kiedy znowu zobaczy rodziców i przyjaciółki. Tutaj jest jeszcze obca, a ponadto żyje z nieznanym, i dla niej pewnie starym, mężczyzną. Im dłużej o tym myślę i wczuwam się w sytuację tej dziewczyny, tym bardziej jest mi jej żal. Ponieważ zapada zmrok, nie mogę dokładniej przyjrzeć się rysom jej twarzy. Ale jutro, za dnia na pewno będzie to możliwe. Bardzo mnie dziwi, że Lketinga do tej pory nie przedstawił mi swojej nowej żony.

James pyta, czy chcielibyśmy coś zjeść. Jego żona może dla nas ugotować spaghetti. Spaghetti! Zabawne! Dawniej, nawet w Mombasie, na takie jedzenie wszyscy kręcili nosem. Mówili, że biali jedzą robaki! A teraz kluski gotuje się nawet w buszu! Jak bardzo zmieniły się czasy! Nikt z nas nie jest już głodny, potrawa z mięsa i warzyw, którą przedtem jedliśmy, była bardzo sycąca i jeszcze nie zdążyliśmy zgłodnieć. Poprzestaję na herbacie ze świeżo wydojonym, lekko ciepłym kozim mlekiem.

Tymczasem zapadła ciemność. We wszystkich *manyattach* panuje ożywienie, ludzie rozmawiają, gotują i jedzą. Najpierw przygotowuje się *chai*, a potem *ugali*, papkę z kukurydzy. Dzieci w różnym wieku biegają od *manyatty* do *manyatty*, spełniając różne drobne polecenia. James znowu czuje się chory, jest rozbity i ma gorączkę. My także zaczynamy odczuwać pewne wyczerpanie. Przez cały czas jesteśmy otoczeni ludźmi. Nie ma mowy, aby chociaż na pół godziny zostać samemu i jakoś uporządkować uczucia i wrażenia. Nieustannie są przy nas kobiety, mężczyźni, a teraz także dzieci. Wszyscy mówią coś w niezrozumiałym dla nas języku *maa* albo po prostu stoją i patrzą na nas w milczeniu.

Odwiedziło mnie także kilku młodych mężczyzn. Dwaj z nich chodzili z Jamesem do szkoły i byli w naszym domu częstymi gośćmi. Grywaliśmy razem w karty. Cieszy mnie, że całkiem dobrze im się powodzi. Ale wszyscy mają ten sam problem – brak pracy. Dlatego chcieliby dalej studiować, ale nie mają sponsorów. Proszą o wsparcie finansowe. To dla mnie problem, bo jak tu obiecać coś jednym, a odmówić innym? Jak dokonać sprawiedliwego wyboru? W dodatku wszyscy są w wieku Jamesa, czyli trochę po trzydziestce. Obiecuję, że się zastanowię. Chcę też porozmawiać na ten temat w misji.

Wieczór w misji

Wszyscy są zmęczeni i potrzebują wypoczynku po przeżyciach tych dwóch dni. Dlatego postanawiamy dzisiejszego wieczoru zrezygnować ze wspólnej kolacji i wcześniej udać się do obozu w misji. Umawiamy się na jutrzejszy ranek, na dłuższą rozmowę z mamą, Jamesem i Lketingą. Chciałabym się jeszcze dowiedzieć tak wielu rzeczy z przeszłości.

W obozie zasiadamy na składanych krzesełkach. Francis i John, nasi szoferzy, zapalają lampy, żebyśmy mieli trochę światła. Na zakończenie dnia postanawiamy napić się czerwonego wina. A kiedy jeszcze, niby za dotknięciem czarodziejskiej różdżki, pojawiają się smakołyki, przez głowę przelatuje mi myśl, że – inaczej niż za dawnych czasów w Barsaloi – podczas tego pobytu na pewno nie stracę ani kilograma.

Mówię o możliwości skontaktowania się z ojcem Giulianem przez radiotelefon w misji. Postanawiamy spróbować jutro rano. Ponieważ za dwa dni jesteśmy umówieni na planie filmu *Biała Masajka*, moglibyśmy potem odwiedzić ojca Giuliana, a następnie wrócić tutaj, aby wziąć udział w uroczystości pożegnalnej. Zresztą trzeba dać trochę spokoju rodzinie, toteż wyjazd na parę dni jest jak najbardziej rozsądnym wyjściem. Nasze przybycie wprowadziło tu sporo niepokoju i rozgardiaszu. Wszyscy potrzebują odrobinę spokoju.

Kiedy omawiamy nasze plany, nieopodal przechodzą cztery kobiety w zakonnych habitach i śpiesznym krokiem kierują się do budynku misji. Niedługo potem dosiada się do nas nowy kolumbijski misjonarz. Pyta o nasze samopoczucie i przebieg mojej wizyty. Bardzo go interesuje, jak zachowuje się wobec mnie Lketinga. Kiedy mówię, że nie było żadnych problemów i zgotowano nam przyjazne przyjęcie, widzę jego radość. Misjonarz opowiada o kilku przedsięwzięciach, które prowadzi razem z Jamesem. James jest pośrednikiem i zarządcą finansowym grupy kobiet, które wytwarzają tradycyjne ozdoby Samburu, sprzedawane aż do Nairobi. Kobiety wynagradzane są od każdej sztuki towaru, toteż niektóre z nich dorobiły się nawet skromnych drewnianych domów. Ta informacja robi na mnie wrażenie. Cieszę się ogromnie, bo w ten sposób pomaga się przede wszystkim kobietom.

Misjonarz mówi, że jest w Barsaloi od pięciu lat i że na krótko przed jego przybyciem toczyły się w okolicy krwawe walki z ludem Turkana. Opowiada nam o tym, co się działo z misją po mojej ucieczce. Zaraz po wyjeździe ojca Giuliana, w roku 1991, przybyli inni misjonarze. Jeden z nich zmarł na malarię złośliwą. Lekarze w Nairobi przez ponad rok bezskutecznie walczyli o uratowanie mu życia. Podczas tego opowiadania robi mi się zimno. Jak żywy staje mi przed oczyma ten straszny czas, kiedy chorowałam na malarię. Moje życie było także kilkakrotnie poważnie zagrożone. Najbardziej na dwa miesiące przed urodzeniem Napirai. To dzięki interwencji ojca Giuliana, który wezwał przez radio „latającego doktora" – helikopter medyczny – dosłownie w ostatniej chwili przewieziono mnie do szpitala w Wambie i udało się uratować mi życie. Znowu uzmysłowiłam sobie, jak bardzo bliska śmierci byłam wtedy.

Najbardziej interesuje nas konflikt z plemieniem Turkana. Prosimy misjonarza, aby opowiedział, co słyszał o tej wojnie.

„Dla wszystkich było to wielkie zaskoczenie – mówi misjonarz – chociaż już wcześniej, od kilku miesięcy zdarzały się napady na pojedyncze osoby i były nawet wypadki śmiertelne. Drobne zatargi między zajmującym przyległe tereny plemieniem Turkana a członkami ludu Samburu nie były w tej okolicy niczym niezwykłym. Ale to, co wydarzyło się na początku grudnia

1996 roku, zaskoczyło wszystkich. Ten dzień zaczął się najzupełniej zwyczajnie. Wojownicy i dzieci jak codziennie wyszli ze stadami ze wsi. Co prawda ludzie opowiadali, że minionej nocy jacyś rabusie nocowali przy ogniskach w pobliżu drogi, ale na razie traktowano to jako plotkę, gdyż nikt nie wiedział niczego pewnego. Nagle, około południa, całą okolicę Barsaloi najechało 600 uzbrojonych w karabiny wojowników Turkana. Przybyli z gór i ze wszystkich stron pędzili ludzi i bydło do doliny rzeki, w kierunku terenów Turkana. Zabijali natychmiast każdego, kto stawiał opór. Niezależnie od tego, czy było to dziecko, kobieta czy wojownik uzbrojony w dzidę. Kiedy we wsi usłyszano pierwsze strzały, nikt nie wiedział, co się dzieje. Do czasu aż przybyli pierwsi świadkowie wydarzeń. Po krótkiej naradzie postanowiono natychmiast uciekać. W miarę bezpieczna była już tylko jedna droga. Samburu nie mogli nic zrobić, nie mieli żadnej możliwości przeciwstawienia się napadowi. Mogli tylko patrzeć, jak Turkana zabierają im wszystkie zwierzęta – około 20 tysięcy kóz i kilka tysięcy krów. Ludzie uciekli, ledwie uchodząc z życiem. Nikt wtedy nie potrafił wyjaśnić, skąd Turkana wzięli całe swoje uzbrojenie. Ich przewaga była tak ogromna, że Samburu nie mieli żadnych szans. Ta wyprawa rabunkowa była wyraźnie wcześniej zaplanowana i przygotowana.

Czterech duchownych, którzy wówczas pracowali w Barsaloi, nie chciało opuścić misji. Zaofiarowali ludziom schronienie w kościele. Lecz na misję także napadnięto, a córkę jednej z zatrudnionych tu kobiet zabito. Jednemu z misjonarzy przestrzelono nogi, drugi został ranny w ramię. Kiedy przybyła pomoc, wszyscy byli w szoku. Tymczasowo ewakuowano misję. Tutejsza ludność alarmowała Nairobi, ale zanim cokolwiek zrobiono, minęło wiele dni. W tym czasie wojownicy Samburu zwołali naradę i postanowili, że i bez broni odbiją swoje stada. Rzeczywiście później udało się odzyskać niemal wszystkie zwierzęta. Rząd przysłał posiłki dopiero po wielu dniach. W tym czasie zginęło bardzo wielu ludzi. Administracja zdobyła się na działanie dopiero, gdy zestrzelono jeden z helikopterów zwiadowczych i zginął ważny urzędnik z dystryktu. Użyto granatów.

Niestety, wtedy wsie były już opustoszałe. Ludność uciekła w okolice Maralalu". Pytamy ojca o przyczyny tej masakry. „Nikt tak naprawdę tego nie wie – odpowiada. – Na kilka miesięcy przedtem na terenach Samburu przeprowadzono odwierty i natrafiono przy tym na ślady złota. Nie wiem, czy ma to jakikolwiek związek z tą sprawą. Z drugiej strony jeszcze wcześniej doszło do poważnego konfliktu między Somalijczykami i Samburu. Po obu stronach byli zabici i ranni. Jednak działo się to na bardziej oddalonych terenach, w kierunku na Wambę. Po prostu nikt nie wie dokładnie, dlaczego doszło do tego konfliktu, i jak to w ogóle możliwe".

Słuchając relacji misjonarza, przypominam sobie listy, które wtedy otrzymywałam od Jamesa. Pisał mi, że stłoczeni, w wielkiej ciasnocie żyją u obcych ludzi w pobliżu Maralalu. Stracili niemal wszystko. Na szczęście mamę udało się wtedy na czas wywieźć samochodem z Barsaloi. Było to dla niej dodatkowe ciężkie przeżycie. Do całego tego strachu musiała jeszcze po raz pierwszy w życiu wsiąść do samochodu! Ludzie z dnia na dzień na własnym terenie stali się uciekinierami. Wielu umarło wówczas z głodu.

Pomagałam rodzinie w miarę możności, ale sama byłam w tamtym czasie bez pracy. Minęły jeszcze dwa lata, a moja rodzina nadal czekała, by móc powrócić w swoje strony. Ja natomiast zaczęłam odnosić pierwsze sukcesy z książką. W rok później, w lipcu 1999, odwiedził ich Albert, który także pomógł im w ciężkiej sytuacji. Kiedy pomyślę o fotografiach z tamtego okresu, czuję bolesny ucisk w piersi. Na szczęście dzisiaj nie widać już w Barsaloi śladów zniszczeń. Wydaje się, że prawie wszyscy członkowie mojej rodziny w miarę dobrze znieśli czas wygnania. Lecz niepokojące jest to, że tak wielu wojowników chodzi teraz z karabinami.

Tymczasem zrobiło się późno. Z zamyślenia wyrywają mnie słowa misjonarza, który żegna się z nami, aby udać się na nocny odpoczynek. My także chowamy się w namiotach i próbujemy, każde na swój sposób, uporać się z nadmiarem wrażeń i przeżyć minionych dni.

Nowa żona Lketingi

Następnego ranka budzę się zaraz po szóstej. Od wsi dobiegają mnie pojedyncze głosy, toteż myślę, że mogę już iść do mamy. O tej porze jest na tyle chłodno, że wkładam sweter. Kiedy dochodzę do *kraalu*, nie mogę się dostać do środka, gdyż wejście ciągle jeszcze zagrodzone jest kolczastą zaporą. Zaglądam przez ogrodzenie i czekam. W końcu zauważa mnie Lketinga. W nowym kocu naciągniętym na głowę powoli przechodzi między zwierzętami do „bramy". Otwiera, uśmiechając się szeroko i pyta, dlaczego tak wcześnie jestem na nogach. Mówię, że w naszym obozie jeszcze wszyscy śpią, a ja chciałabym posiedzieć tutaj, przy zwierzętach. Chciałabym też poprosić Jamesa o kilka jajek, bo nie mamy już niczego do jedzenia.

James usłyszał naszą rozmowę i zaspany wychodzi z domu. Witamy się, a potem dostaję od niego ostatnie cztery jajka. Więcej akurat nie mają.

Chcę wracać, ale Lketinga wysyła mnie do *manyatty* mamy, na *chai*. Proszę mamę o pozwolenie na wejście. Wita mnie uśmiechem i też się dziwi, jaki to ze mnie ranny ptaszek. Wygląda na to, że u mamy pili już *chai* dwaj starsi mężczyźni. Właśnie wychodzą z *manyatty*. Mama podaje mi filiżankę, od razu też stawia na ogniu garnek z przypieczonym mięsem. Dziwi mnie, że to mięso ciągle jeszcze jest. Chyba rzeczywiście przyrządziła je specjalnie dla mnie i nie daje nikomu ani kawałeczka. Teraz wtyka mi do ręki łyżkę i znowu zachęca mnie swoim: *Tamada, tamada!* Zaraz potem wychodzi z chaty. Jestem uradowana i zakłopotana jednocześnie, gdyż z pewnością jako jedyna dostaję tak luksusowe jedzenie na śniadanie. Z apetytem zjadam kilka łyżek mięsa.

Zatopiona w myślach żuję twardawe kawałki, kiedy nagle do *manyatty* wchodzi nowa żona Lketingi. Pewnie myślała, że nikogo nie ma w środku, bo przecież mama i Lketinga są na dworze, przy zwierzętach.

Przestraszona stoi schylona w otworze wejściowym i widać, że nie bardzo wie, czy ma się wycofać, czy wejść do środka. Uśmiecham się do niej i mówię: *Karibu!* Ostrożnie okrąża miejsce mamy i wchodzi na krowią skórę przy ognisku. Przesuwam się trochę na bok, żeby jej zrobić miejsce. Jestem bardzo ciekawa, po co przyszła i co teraz zrobi. A ona otwiera metalową skrzynię Lketingi i wyjmuje spódnicę, którą przywiozłam dla jego żony – dla którejś z jego żon. Dziewczyna z ciekawością dotyka materiału, ocenia wzrokiem rozmiar spódnicy, a potem pieczołowicie odkłada ją do skrzyni. Za pomocą tych paru słów w *maa*, które znam, pytam, czy podoba się jej spódnica. Zalękniona cicho odpowiada, że tak. Potem odwraca się i właśnie chce wyjść z chaty, gdy w wejściu pojawia się Lketinga. Teraz to on się dziwi, ale nie odzywa się ani do mnie, ani do żony. Dziewczyna kuli się i cichutko jak myszka wymyka z *manyatty*.

Twarz Lketingi jest tak nienaturalnie poważna i surowa, że aż mam ochotę się roześmiać. A on siada na małym stołeczku przed ogniem, sięga po łyżkę i nabiera sobie kopiastą porcję mięsa. W żartach strącam moją łyżką mięso z powrotem do garnka i protestuję: „Nie, to moje jedzenie. Mama ugotowała mięso specjalnie dla mnie!". *„Only a little bit* – tylko odrobinę!" – żebrze Lketinga ze śmiechem.

Z przyjemnością dzielę się z nim mięsem, ale nie mogę się powstrzymać, by nie zagadnąć o żonę. „To chyba była twoja nowa żona, prawda?" – pytam niewinnie i jakby mimochodem. Lketinga znowu poważnieje i odpowiada: „*Yes*. A co, to dla ciebie problem?". Zaprzeczam i teraz już całkiem na poważnie pytam: „Dlaczego się do niej nie odzywasz, nawet na nią nie spojrzałeś!". Na to Lketinga: „A dlaczego ja, mężczyzna, miałbym pierwszy mówić mojej żonie *jambo*? Ona jeszcze ani razu mnie nie pozdrowiła i dlatego ja jej też nie pozdrawiam! To ona powinna odezwać się pierwsza, wtedy może zacznę z nią rozmawiać!".

Mówi to z takim przekonaniem, że mimo przykrej sytuacji, która się za tym kryje, wybucham śmiechem. Mój były mąż, co prawda nieco niepewnie, ale też zaczyna się śmiać i wyjaśnia, że jego zachowanie jest całkiem normalne. Takie zwyczaje panują u Samburu. Próbuję mu wyjaśnić, że milczenie jego żony może trwać jeszcze miesiącami. Może jednak byłoby lepiej, żeby stopniowo zaczęli ze sobą rozmawiać. Pewnie jeszcze bardzo mało ją zna. Lketinga odpowiada, że nie. Rozmawiał z jej rodzicami, dowiadywał się też o nią we wsi. Dziewczyna pochodzi z tej wioski pod Maralalem, gdzie moją uwagę zwróciły te wszystkie plastikowe torebki na krzakach. Pytam jeszcze Lketingę, jak w takim razie wygląda to ich małżeństwo, skoro ani nie rozmawiają, ani nie śmieją się ze sobą? „*Yes, that's crazy!* – odpowiada. – Ale ja naprawdę nie zamierzam odezwać się do niej pierwszy. Nie jestem przecież kobietą!" Po czym dodaje ze śmiechem: „A może po prostu jeszcze raz ożenię się z tobą?". Zaskoczona i trochę zmieszana śmieję się razem z nim, bo to najlepsze, co mogę zrobić w tej dziwnej sytuacji.

Nagle przypominam sobie o jajkach, które zostawiłam na dworze, na motocyklu Jamesa. Zupełnie zapomniałam o moich głodnych towarzyszach podróży! Robi mi się trochę wstyd. Zaraz też wychodzimy z *manyatty* i spacerem idziemy do misji. Tymczasem w obozie gotują właśnie herbatę i kawę. Albert, Klaus i nasi kierowcy cieszą się na widok jajek, które dzisiaj, poza paroma orzechami i rozmoczonymi chrupkami, będą ich jedynym śniadaniem. Ja nic już nie jem. Kiedy zdziwieni pytają dlaczego, opowiadam, jaką ucztę przygotowała mi mama.

Po skromnym śniadaniu wracamy z Lketingą do *kraalu*. Napotykamy Jamesa, który właśnie zabiera się do spryskiwania środkiem przeciwko robactwu małej *manyatty*, przeznaczonej dla koźląt. Środek owadobójczy w sprayu. Znowu coś, czego nie było tutaj za moich czasów! Gdy rozmawiamy, z *manyatty* mamy wychodzi siostra Lketingi i wita się ze mną wylewnie. Lketinga mówi coś do niej energicznym i nieprzyjemnym tonem, a ona szybko odchodzi. Pytam, o co chodzi. Lketinga, bardzo rozeźlony, mówi: „Wczoraj wieczorem moja siostra była pijana. Nie życzę sobie tego. Nie wiem, jak w ogóle mogło do tego dojść". Od razu przypominam sobie o pieniądzach, które dałam mamie i jej. Czuję się współwinna.

Rozmowy w manyatcie

Tymczasem James umył ręce i możemy już wejść do *manyatty* mamy. Siadamy na krowiej skórze, James obok mnie, gdyż będzie tłumaczem. Zaraz potem do chaty wsuwa się Klaus i siada na małym stołeczku przy palenisku. Lketinga przykuca obok wejścia, a Albert, po przywitaniu, tak jak poprzednio, zostaje na zewnątrz i zajmuje miejsce w cieniu *manyatty*.

Mama wita się z nami, w ramionach huśta dziecko Jamesa. Dzisiaj ma na sobie jedną z nowych spódnic. Rozmowę rozpoczyna James, wyjaśniając mamie, że jest jeszcze parę spraw, o które chcę ją zapytać. Mama spogląda na mnie i wyraża zgodę. Po pierwsze chciałabym wiedzieć, jak mama zareagowała, kiedy James powiedział jej, że przyjadę w odwiedziny. Odpowiada: *„Ke supai pi*. To wspaniale. Bardzo się ucieszyłam, ale tak jak wszyscy tutaj nie wierzyłam do końca. Nikt we wsi nie myślał, że wrócisz po tak długim czasie. Ale następnym razem przywieziesz Napirai, moją małą Napirai".

Wybucham śmiechem, gdyż moja córka jest teraz wyższa ode mnie. Dla niej pozostaje malutkim dzieckiem, jakim widziała ją po raz ostatni. Potem mama dodaje, jak to dobrze dla wszystkich, że mogą mnie zobaczyć po tak długim czasie. Lketinga kiwa głową na znak potwierdzenia i mówi: *„Really this is very good*. Ale nikt w to nie wierzył. Kiedy przyjechał wasz pierwszy samochód, kobiety mówiły, że coś tu nie gra. Mama Napirai na pewno nie przyjedzie, od początku było wiadomo...!". Potrząsa przy tym głową, uśmiechając się pod nosem. A kiedy James powtarza jeszcze zdanie: *Only a Quinn is moving in this way*, wszyscy, nawet mama, wybuchamy śmiechem.

Klaus jest ciekaw, jak to było, kiedy przyjechałam do Barsaloi i mama zobaczyła mnie po raz pierwszy. Mama poważnieje, i po krótkim namyśle mówi: „Po prostu się bałam". Pytam, czego się obawiała. James stara się jak najlepiej przetłumaczyć słowa mamy: „Ponieważ biała kobieta to było dla mnie coś nieznanego. Myślałam – jak mam z nią rozmawiać, skoro ona mnie nie rozumie? Kim ona w ogóle jest? Nic o niej nie wiem. Na pewno jest przyzwyczajona do innego domu, a teraz przybywa tutaj i chce razem z nami mieszkać w zadymionej chacie. Nie mamy prawie nic do jedzenia, zamiast tego pijemy tylko mleko i krew. Tyle myśli przelatywało mi przez głowę i po prostu się bałam. Myślałam, co ta biała może zrobić dla mnie? Każda żona moich synów jest jak moje własne dziecko. Jej troski są moimi troskami i odwrotnie. Bałam się, że z tobą będzie dużo zmartwień, że nie będziesz umiała zatroszczyć się o wodę, opał i jedzenie dla mnie, bo jesteś biała. Kto będzie prał moje ubrania, kto będzie mi pomagał? Przecież nie ta *mzungu*? Pomyślałam, że to my będziemy musieli dla ciebie to wszystko robić. Na początku widziałam tylko same problemy. Z drugiej strony wiedziałam od Lketingi, że aby go zobaczyć, przebyłaś taki świat drogi aż z Mombasy. Dlatego musiałam dać ci szansę – no i zostałaś z nami. Ciężko pracowałaś. Troszczyłaś się o mnie, przynosiłaś drewno, wodę i jedzenie. Byłaś dla mnie lepsza niż wszystkie dzieci przedtem. Naprawdę cię pokochałam".

Jej słowa robią na mnie wielkie wrażenie – jestem tak poruszona, że łzy lecą mi po policzkach. Aż do dzisiaj nie zdawałam sobie sprawy, jak wiele przysporzyłam jej wtedy trosk. A mama opowiada dalej. Do jej *manyatty* przychodzili ludzie ze wsi i ciągle pytali, co to za *mzungu* u niej mieszka. Jak to może być, że pozwala mi mieszkać u siebie, skoro mnie nie zna. I jak w ogóle ze mną wytrzymuje, skoro nie może ze mną rozmawiać. „A ja – mówi mama – po pewnym czasie zaczęłam wszystkim odpowiadać, że mimo wszystko dobrze mi z tobą. «Nie mam z nią żadnych kłopotów, robi to, co do niej należy, pomaga mi, nie wszczyna kłótni» – tak im mówiłam. Po kilku miesiącach przestałam uważać cię za obcą, nie widziałam już żadnej różnicy między tobą i własnymi dziećmi. Stałaś się moim dzieckiem. Od tej chwili przejęłam pełną odpowiedzialność za ciebie i za wszystkie kłopoty związane z tą sytuacją".

Co chwila ocieram łzy z oczu i strasznie się wstydzę, bo wiem, że nie wypada płakać. Mama spogląda na Jamesa i pyta, co się ze mną dzieje. Szybko proszę, żeby wytłumaczył mamie, iż w ten sposób *mzungu* wyrażają dobre uczucia i silne emocje. Nie musi się niepokoić i martwić. James tłumaczy moje słowa i parska przy tym śmiechem. Mama także w końcu uśmiecha się ze zrozumieniem.

Opowiadanie mamy komentuje Lketinga: „*Yes*, na początku było naprawdę ciężko. Do mnie też przychodzili ludzie, inni wojownicy, i pytali, po co sprowadziłem do domu białą kobietę. Byłem pierwszym wojownikiem, który przywiózł do Barsaloi i poślubił *mzungu*. Ludzie patrzyli na to podejrzliwie, wielu mówiło źle o białych. Przyszedł nawet nasz policjant i pytał, dlaczego nie poprosiłem go o pozwolenie na ślub z tobą. *Crazy!* Co on sobie wyobrażał! Jestem mężczyzną i nie muszę pytać o to, kogo mam poślubić!". Na te słowa Lketingi wszyscy wybuchają głośnym śmiechem.

Teraz kolej na mnie. Opowiadam, że wkrótce po powrocie do Szwajcarii, kiedy zamieszkałam z Napirai na wsi, to ona była pierwszym dzieckiem mieszanej krwi w okolicy. Dzieciaki zbiegały się, żeby ją oglądać albo uciekały z krzykiem na widok ciemnej twarzy. Dzisiaj w Szwajcarii nawet w małych wsiach mieszka wielu ciemnoskórych i wszyscy się już przyzwyczaili. Mama kiwa głową twierdząco i mówi: „*Eh na* – tutaj też tak jest".

James dorzuca, że w okolicach Maralalu u Samburu mieszka wiele białych kobiet. „Chociaż może niekoniecznie w *manyattach*, jak ta tutaj" – dodaje z uśmiechem i spogląda na mnie, a Lketinga kończy swoim lekko schrypniętym głosem, w którym słychać rozbawienie: „Ale te *ladies* są przeważnie stare i nie takie dobre jak ty. Takiej bym sobie nie wziął za żonę". Wszyscy wybuchają śmiechem. James przytakuje bratu i mówi: „Tak, Corinne była naprawdę jedną z nas. Z moim bratem jeździła wszędzie, odwiedzali rodzinę i krewnych nawet w dalekich miejscowościach. Nawet tam, gdzie nie było wody albo gdzie mieszkało się z krowami. Dla niej to nie był problem". No niezupełnie – przelatuje mi przez głowę – to wcale nie było takie łatwe.

Mama ciągle huśta w ramionach niemowlę i mówi: „Byłam taka szczęśliwa, że obdarzyłaś mnie wnuczką i dumna, że powierzasz mi Napirai, kiedy musisz wyjechać. To był dla mnie wielki dowód miłości. Od tego czasu całkiem cię zaakceptowałam i nie widziałam już różnicy między tobą, białą, a nami, czarnymi. Staliśmy się jednością".

Twarz mamy nieruchomieje, robi się surowa, wiem, co to oznacza. Stara się ukryć swoje uczucia. Wolną ręką szybko przesuwa po oczach. Co prawda przed laty zawsze wydawało mi się, że łączy nas coś głębszego. Właściwie nawet to czułam, ale dopiero teraz słowa mamy dają mi całkowitą pewność.

Na moment wszyscy milkną. Nad naszymi głowami brzęczą muchy. Na dworze gdaczą kury, słychać meczenie kóz. Słyszymy też, że Albert rozmawia z dziećmi. Chyba rysuje coś z nimi na ziemi.

* * *

James jeszcze raz wraca do wspomnianego przez Lketingę miejscowego policjanta: „On pewnie chciał od was po prostu pieniędzy – stwierdza. – Tutaj ludzie myślą, że wszyscy biali są bogaci, mieszkają w wielkich domach, mają samochody, nigdy nie są głodni i nie mają żadnych trosk, żyją w luksusach. Jak tylko mam okazję, staram się to wyjaśniać. Mówię ludziom, że to nieprawda. Biali też mają swoje problemy i kłopoty, tylko nie opowiadają o tym wszystkim naokoło. U nas jest inaczej, do tradycji należy, że jak się kogoś spotyka, to rozmawia się z nim godzinę lub dwie. Rozmowę rozpoczyna osoba starsza. Opowiada, skąd idzie, kim jest, jak powodzi się rodzinie, jak się miewają zwierzęta, kto jest chory i na co, co się ostatnio wydarzyło w rodzinnej wsi i w *kraalu*. Na koniec mówi, dokąd idzie i po co. W takim opowiadaniu nie pomija się żadnych szczegółów i faktycznie może ono zająć nawet godzinę. Potem to samo powtarza się ze strony drugiej osoby".

James bardzo zabawnie odgrywa przed nami taką wymyśloną scenę spotkania. Śmiejemy się do łez. „Tutaj to najzupełniej normalne – kontynuuje, gdy już się trochę uspokoiliśmy – bo ludzie czasem wędrują godzinami i nie widzą po drodze nikogo. Nic dziwnego, że się cieszą, gdy już kogoś spotkają. Nawet jeśli jest to nieznajomy. Wreszcie mogą porozmawiać. Takie rozmowy powtarzają się z każdym napotkanym w drodze. Kolejnej osobie opowiada się, kogo spotkało się wcześniej i co ta osoba mówiła. Rozmowy stają się coraz dłuższe, a wiadomości rozchodzą się w ciągu kilku godzin na przestrzeni wielu kilometrów. Nic dziwnego, że gdy nasi ludzie napotykają od czasu do czasu białych i widzą ich rozmawiających ze sobą tylko parę minut, uznają, że biali w ogóle nie mają problemów i nie muszą o niczym rozmawiać". Jak różnie można patrzeć na te same sprawy! W naszym społeczeństwie zachodzi proces ubożenia i zaniku prawdziwych więzi międzyludzkich. Coraz mniej ze sobą rozmawiamy. Wielu ludzi cierpi z tego powodu. Dla miejscowych natomiast nasza małomówność jest oznaką braku problemów.

Słyszę, jak James mówi dalej: „Sam jestem już teraz prawie jak *mzungu*. Dużo pracuję, podróżuję tylko na motorze, mam zawsze masę spraw do załatwienia. Kiedy spotkam kogoś na drodze, zaraz mnie zatrzymuje. Na początku stawałem, bo myślałem, że może chodzi o coś ważnego. Ale ludzie zwykle chcą tylko wiedzieć, skąd i dokąd jadę, albo interesuje ich mój motocykl i chcieliby się wszystkiego dowiedzieć. Lecz ja nie mam czasu, dlatego zwykle odpowiadam krótko «tak» lub «nie» i nie wdaję się w szczegóły. Czasem nie opowiadam nawet o tym, że ktoś w domu jest chory, bo to trwałoby za długo. Gdy się jednak potem o tym dowiedzą, następnym razem robią mi wyrzuty. Nie potrafią sobie wyobrazić, że muszę się trzymać planu, terminów, ściśle określonych obowiązków. Dla ludzi tutaj nie ma znaczenia, czy postoją przy drodze godzinę dłużej, czy też nie".

Kiedy James o tym opowiada, widać wyraźnie jego dumę z tego, że tu, w buszu, jest jednym z pierwszych, którzy prowadzą nowe, bardziej nowoczesne życie. Mnie to wszystko nastraja melancholijnie i nie za bardzo mi się podoba. Zmiany te oznaczają bowiem początek rozpadu naturalnych więzi. Tak jak w Europie te wszystkie procesy prawdopodobnie doprowadzą wielu ludzi do życia w osamotnieniu.

Klaus zauważa, że do Jamesa z pewnością nie dociera wiele drobnych spraw i informacji o życiu tutejszych ludzi, skoro tak gna przez okolicę na swoim motorze. James odpowiada, że czas tutaj także szybko pędzi i wszystko się zmienia. „Ale mnie się to wcale nie podoba – wtrąca Lketinga. – Dzisiaj wielu wojowników nie nosi długich włosów, tak jak dawniej. Nie chcą. Przyczyną jest również fakt, że chodzili do szkoły. Dziewczęta nie noszą już tak wielu ozdób, gdyż chłopcy, którzy uczęszczają do szkoły, po prostu ich nie obdarowują. A uczennice, jak moja córka Shankayon, wcale nie noszą ozdób, bo jest to zabronione. Nie chcą też barwić skóry ochrą. Nawet te, które nie chodzą do szkoły, wolą używać kremów do skóry, sprowadzanych z Nairobi. Żadna dziewczyna nie nosi już spódniczki ze skóry zwierzęcej, pięknie wyszywanej paciorkami, takiej jaką widziałaś u mojej siostry. Tradycyjne stroje wkłada się jeszcze tylko na ważne ceremonie". James dorzuca: „Lecz i tego nie będzie za pięć, dziesięć lat. Już dzisiaj prawie nie spotyka się tradycyjnych ozdób na szyję z włosia żyrafy albo kolczyków z kości słoniowej, jakie do niedawna nosili wojownicy".

To, co słyszę, wprawia mnie w głęboki smutek. Przecież my także przywieźliśmy tutaj nowoczesne produkty i przedmioty. Dopiero teraz uświadamiam sobie, że faktycznie nie widziałam jeszcze ani jednej młodej dziewczyny i ani jednego wojownika, którzy prezentowaliby całą barwność i bogactwo tradycyjnych strojów i ozdób, tak jak to było na porządku dziennym przed czternastu laty. Właśnie te radosne, intensywne kolory ozdób i *kang* wyrażają i symbolizują radość życia, energię i pogodę ducha tutejszych ludzi. Jeśli z czasem europejska monotonia barw wyprze intensywną czerwień, nasycony błękit i żółć chust i koców, tak jak to już widzieliśmy w Maralalu, to zniknie także optymizm i naturalna pogoda. Miejscowi już dzisiaj piją alkohol, i to w dużych ilościach. Spośród młodych ludzi wielu ma co prawda ukończoną szkołę, ale brakuje im pieniędzy na dalszą naukę, wyuczenie zawodu czy studia. Wracają po szkole w rodzinne strony, do dawnej kultury, i żyją, nie wykorzystując zdobytej wiedzy. A przy swoim, już raczej zachodnim, nastawieniu i światopoglądzie coraz częściej porzucają tradycyjny styl życia. Dla mnie ten proces oznacza utratę korzeni.

* * *

W miarę rozmowy atmosfera staje się coraz luźniejsza, tak że w końcu zbieram się na odwagę i jeszcze raz pytam Lketingę, jak zareagował na wiadomość o tym, że już nie wrócę. Lketinga patrzy na mnie poważnie i mówi: „Przez długi czas po prostu w to nie wierzyłem, bo przedtem zawsze wracałaś. Już wkrótce po twoim wyjeździe zaczęły się problemy ze sklepem, interes przestał dobrze iść i przez to miałem kłopoty z pieniędzmi. Wszyscy chcieli mnie oszukać. Potem był ten pożar samochodu, no a ja nie miałem już pieniędzy, żeby dać auto do naprawy. Dlatego sprzedałem nasz samochód i dostałem za to mniejszy. Tym małym autem jeździłem jako taksówkarz, do czasu wypadku. Po wypadku wzięli mnie do więzienia. Naprawdę miałem same problemy, nie chcę już więcej o tym myśleć".

James dodaje: „Tak, to prawda. Dowiedziałem się o tej historii trzy lata po tym, jak wróciłaś do Szwajcarii. Pojechałem wtedy do Mombasy, żeby poszukać Lketingi. Udało mi się go znaleźć. Źle mu wtedy szło i był w fatalnym stanie. Poprosiłem go, żeby wrócił ze mną do domu i Lketinga się zgodził. Umówiliśmy się na następny dzień, żeby pojechać autobusem do Maralalu. Niestety, Lketinga nie przyszedł, a ja pojechałem sam, bo musiałem wrócić do szkoły. Kiedy dzień później czekałem w Maralalu na okazję do Barsaloi, nagle pojawił się Lketinga i poszliśmy do wsi razem. Oczywiście Lketinga nie miał wtedy domu, ale za to miał dużo zwierząt. Przez te wszystkie lata, gdy był nieobecny we wsi, jego stado kóz i krów bardzo się powiększyło. Opiekował się nimi nasz starszy brat. U nas nie sprzedaje się ani nie zabija zwierząt nieobecnego właściciela. Dzięki temu Lketinga po powrocie do domu był bogatym człowiekiem. Uradziliśmy, że najlepiej będzie, jeśli poszuka sobie kobiety, która wybuduje mu dom i urodzi dzieci. No i Lketinga zaledwie w miesiąc później poślubił drugą żonę, matkę Shankayon. Po urodzeniu pierwszego dziecka druga żona Lketingi zapadła na zdrowiu – wszystkie pozostałe dzieci zmarły. Teraz matka Shankayon jest w swojej wsi, u rodziców. Nie wiemy, kiedy tu wróci".

Lketinga w roztargnieniu kiwa głową, a mama przysłuchuje się w milczeniu. Wyraźnie czuję, że mój były mąż nie może albo nie chce już nic więcej mówić o przeszłości. Po chwili Lketinga napomyka o książce i filmie. Prosi brata, żeby opowiedział nam o związanych z tym zdarzeniach w Barsaloi. James opowiada nieco dokładniej to, czego już wcześniej dowiedziałam się od Lketingi podczas spaceru nad rzekę: „No tak, jak pewnie wiecie, ciągle nachodzą nas tu obcy ludzie, przeważnie kenijscy dziennikarze. Wypytują, czy znamy treść książki, czy wiemy, że ta Corinne oczernia Samburu i bierze za to dużo pieniędzy. Zawsze im odpowiadamy, że doskonale znamy książkę. My dostajemy pieniądze i dobrze nam się dzięki temu powodzi. Corinne napisała o naszej rodzinie, więc do nas należy ocena – dobrze czy źle. Dodajemy jeszcze, że pytaliśmy o to także kenijskiego ambasadora, który jest Samburu i zna niemiecki, a on nas zapewnił, że wszystko jest w porządku. Większość dziennikarzy, słysząc te argumenty, wycofuje się. Lecz trafiają się i tacy, którzy koniecznie chcą, żebyśmy powiedzieli coś złego o książce albo o filmie i proponują nam za to pieniądze. Jeden z nich powiedział nawet Lketindze, że powinien starać się w dystrykcie o aresztowanie Corinne w Szwajcarii. Wyobrażacie sobie! Lketinga strasznie się wściekł, kazał im się wynosić. Ale i tak jeszcze go potem nachodzono".

Lketinga wtrąca: „Naprawdę, to byli jacyś szaleńcy. Ciągle im powtarzałem, żeby mi dali spokój, że nie zamierzam niczego robić. Jesteś moją żoną i cieszę się, że dobrze ci się powodzi w Szwajcarii. Mówiłem im, że chciałbym, aby i mojemu dziecku powodziło się w Szwajcarii jak najlepiej. Mnie jest tutaj dobrze, nie potrzebuję tyle do życia, co wy w Szwajcarii. Ale oni nie chcieli odpuścić i ciągle mnie zamęczali. W końcu zagroziłem, że jeśli sobie nie pójdą, to ich stłukę, bo wzniecają niepokój i niepewność wśród mieszkańców Barsaloi". James dodaje: „Z tymi dziennikarzami rozmawiał także nasz misjonarz, który czytał twoją książkę po hiszpańsku. Powiedział, że nie ma w niej nic złego. Na szczęście teraz wszystko się uspokoiło i wszyscy bardzo się cieszymy z waszego przyjazdu".

Do *manyatty* wraca Albert i dodaje, że zna mnie od dawna i wie, jak mocno jestem przywiązana do mojej afrykańskiej rodziny i jak bardzo się martwiłam, kiedy tutaj źle się działo. Od wielu lat on i jego rodzina uczestniczą w naszym wspólnym losie, dlatego czuje się uczuciowo związany z ludźmi w Barsaloi. Od samego początku wiedział, że będzie mi towarzyszył w tej podróży. Chciał znowu zobaczyć całą rodzinę i wspaniałą mamę. W miarę swoich możliwości chce pomagać ludziom tutaj. James tłumaczy wszystko mamie, a ona dziękuje Albertowi uściskiem dłoni i słowami: *Ashe oleng*.

Na koniec Albert pyta mamę, czego oczekuje od przyszłości, czego pragnie. Mama zastanawia się krótko i odpowiada: „Powodzi mi się naprawdę dobrze. Chciałabym zachować zdrowie i żeby moje oczy jeszcze długo widziały. Ale nawet jeśli oślepnę, to chciałabym dalej mieć takie dobre życie, jak dotychczas. Niczego więcej nie potrzebuję". James dodaje, że chciał wybudować dla mamy mały domek, ale ona się nie zgodziła, wolała pozostać w swojej *manyatcie*. Mama jest szczęśliwa. Wszyscy są znowu razem. Zdarza się, że przez trzy dni nie opuszcza chaty, ale jest zadowolona, bo zawsze są u niej dzieci albo jacyś goście.

Miło mi widzieć, że tak jak dawniej starzy ludzie biorą udział w życiu codziennym społeczności, nie są zostawieni sobie i osamotnieni.

Lketinga, zapytany o swoje życzenia, oświadcza ku mojemu zdumieniu: „Nie chcę, żebyś mówiła, że nie jesteś już moją żoną. Tego u nas nie ma. Obojętne, gdzie żyjesz, zawsze pozostajesz moją żoną. Nie chciałbym słyszeć, że mieszka z tobą jakiś inny mężczyzna. To jest *okay*, ale ja nie chcę o tym po prostu słyszeć. Zawsze myślę o tobie jako o mojej żonie. Mam nadzieję, że teraz będziesz przyjeżdżała częściej. Samburu się nie rozstają".

Jego słowa wzruszają mnie, ale jednocześnie uważam, że Lketinga za dużo ode mnie wymaga. Czuję się tak, jakby wywierał na mnie presję. Staram się mu delikatnie wytłumaczyć, że rozstaliśmy się już dawno i nie ma nic dziwnego w tym, iż nie chcę na zawsze pozostać sama. Przecież on też ożenił się ponownie, i to nawet dwa razy. Śmieję się przy tym, żeby jakoś rozładować sytuację. Lketinga odpowiada: „Tak, w porządku, ale już o tym nie opowiadaj". Na szczęście, zupełnie bez specjalnego zamiaru, nie wspomniałam w żadnym z ostatnich listów do Jamesa, że już nie jestem z moim partnerem. Dobrze się złożyło.

James pomaga mi wybrnąć z tej niezręcznej sytuacji, mówiąc, że trudno tu znaleźć odpowiednie słowa. Kończy drażliwy temat, opowiadając o swoich marzeniach na przyszłość: „Chciałbym jeszcze rozbudować dom, żeby było więcej miejsca, jak przyjadą goście, którzy powinni mieć u mnie wygodnie. Poza tym przydałby się telefon komórkowy, wtedy przynajmniej w Maralalu, gdzie jest już sieć radiowa, mógłbym się szybko kontaktować z innymi. W Barsaloi nie ma jeszcze sieci i pewnie trochę potrwa, zanim założą. Chciałbym też mieć telewizor, żeby wiedzieć, co się dzieje w kraju i na całym świecie, może nawet w Niemczech i Szwajcarii". James śmieje się i kończy swoją listę życzeń: „Jak na razie niczego więcej mi nie potrzeba".

SAGUNA

Na zewnątrz, przed *manyattą*, słychać jakieś głosy. Lketinga mówi, że przyszła Saguna. Ogarnia mnie radość i jestem ogromnie ciekawa, jak też teraz ona wygląda. Przerywamy nasze rozmowy, które trwają już trzy godziny i wszyscy po kolei wysuwamy się z *manyatty*. Oślepia mnie ostre światło słoneczne. Albert zasiada na niedużym stołeczku przed chatą i natychmiast otacza go dzieciarnia. Zaczyna się wspólne rysowanie. Z tyłu spostrzegam żonę Lketingi, która wznosi nową *manyattę*. Właśnie zajęta jest wplataniem cienkich witek wierzbowych w ściany boczne.

Zjawia się Stefania i mówi, że Saguna czeka na nas w jej domu. Idziemy tam razem. Kiedy wchodzę do środka, widzę najpierw siostrę Lketingi, która z poważną twarzą siedzi na zielonym stoliczku pod ścianą. Za jej plecami chowa się Saguna.

Jest od stóp do głów ubrana tradycyjnie i wygląda po prostu zachwycająco. Kiedy przed kilkunastu laty opuszczałam wieś, była małą dziewczynką w wieku około czterech lat. Teraz widzę przed sobą krzepką, zdrową i piękną osiemnastoletnią pannę. Witam się z nią serdecznie, chociaż Saguna raczej nieśmiało odpowiada na moje pozdrowienie. Przez te wszystkie lata często o niej myślałam. Pytałam o nią w listach do Jamesa. To od niego wiem, że ta już prawie dorosła kobieta od dawna nie mieszka w chacie mamy.

Saguna ma na sobie czerwoną spódniczkę, na ramiona narzuciła dwie *kangi*, niebieską i żółtą, które zasłaniają jej nagie piersi. Żółtą *kangę* mogą nosić tylko nieobrzezane dziewczęta w wieku odpowiednim do małżeństwa. Całą szyję, ramiona i pierś Saguny okrywają gęste sznury paciorków. Pod spodem widać koraliki czerwone, a na nich drugą warstwę paciorków, bardzo kolorowych i kunsztownie posplatanych. Wygląda to jak barwny talerz. Już same ozdoby ważą pewnie dobre dwa kilogramy. Saguna ma na głowie ściśle przylegającą opaskę z kolorowych paciorków, do której przymocowany jest krzyżyk z czerwonych pereł. Wiszą na nim błyszczące metalowe płytki. Czoło ozdabia duży guzik z macicy perłowej z ozdobnym metalowym krzyżykiem, sięgającym aż do nozdrzy. Do krzyżyka przymocowane są dwa łańcuszki, które półkoliście opadają na policzki, a potem biegną w górę i koło uszu są przymocowane do opaski na głowie. Twarz dziewczyny wygląda w tych ozdobach miękko i delikatnie. Od razu rzuca się w oczy, jak bardzo Saguna podobna jest do swojej zmarłej matki, która straciła życie przy kolejnym porodzie, kiedy dziewczynka miała jedenaście lat. Na szczęście mała mieszkała jeszcze wtedy z babcią.

Nietrudno zauważyć, że Saguna nie jest przyzwyczajona do tego, by być ośrodkiem zainteresowania. W przypadku dziewcząt jest tak tylko w dniu ślubu i w związku z poprzedzającą go ceremonią obrzezania. Kiedy rodzi się dziewczynka, dla ojca nie ma to zwykle większego znaczenia. Mężczyzna wówczas jest zazwyczaj nieobecny w domu. Z narodzinami syna wiążą się znacznie bardziej wystawne rytuały. Sąsiedzi szybko dowiadują się, jakiej płci jest dziecko, mimo że dopiero w kilka tygodni później wolno im obejrzeć niemowlę.

Saguna z rękami złożonymi na kolanach siedzi naprzeciwko mnie i spogląda nieśmiało, lecz z zaciekawieniem. Chwalę jej piękny strój i wygląd, co przyjmuje ze skromnością. Wiem, że ma za sobą czterogodzinny marsz przez rozgrzany, suchy step. Na pewno jest głodna i spragniona, toteż proszę Jamesa, żeby dał jej coś do jedzenia. Ale James odpowiada, że Saguna dostanie jeść w *manyatcie* mamy. Rozumiem, znowu chodzi o tradycyjny zwyczaj, plemienne reguły zachowania. Saguna jest młodą, jeszcze nieobrzezaną kobietą i pewnie dlatego nie można jej ugościć w domu Jamesa, który do niedawna miał status wojownika.

Proponuję, aby dziewczyna najpierw odwiedziła mamę, a potem przyszła do nas na pogawędkę. Gdy wychodzi, pytam Jamesa, kiedy zostanie wydana za mąż. James nie wie. Lketinga, kiedy go potem o to zagaduję, też nie potrafi mi nic powiedzieć. Tymczasem Saguna, przy swoich osiemnastu latach, należy raczej do starszych niezamężnych dziewcząt. Jednak musi mieć przyjaciela wśród wojowników, bo inaczej nie posiadałaby tylu ozdób.

Ozdoby to świadectwo statusu dziewczyny – im więcej ich dostaje, tym bardziej jest pożądana jako kandydatka na żonę. Jej cena może wtedy dojść nawet do więcej niż siedmiu krów. Niestety, dziewczynie nie wolno poślubić ukochanego. W dniu ślubu przyjaciel dziewczyny ma obowiązek przygotować tłuszcz i czerwoną ochrę, które panna młoda wetrze sobie potem w skórę.

Męża dla dziewczyny zwykle wybiera ojciec. Zwraca przy tym uwagę, aby związek był niezależny od wszelkich żądz cielesnych. Znaczenie ma natomiast reputacja rodziny wybranki. Obowiązki kobiety w małżeństwie to rodzenie dzieci, prowadzenie domu i doglądanie trzody męża – do czasu, aż ten ostatni obowiązek będą mogły przejąć za nią dzieci. Wybrana na żonę dziewczyna czasem nie wie, kto zostanie jej mężem. W przypadku mężczyzn, najbardziej pożądani są ci, którzy właśnie zakończyli okres bycia wojownikami. Wcześniej i tak nie wolno mężczyźnie wziąć sobie żony. Często zdarza się, że dziewczynę wydają za mąż za starszego mężczyznę lub wręcz za starca. Zostaje trzecią czy nawet czwartą żoną i musi słuchać poleceń pierwszej.

Myśl, że taki los może spotkać Sagunę, niepokoi mnie i zasmuca. Pytam Jamesa, czy w jej przypadku nie dałoby się jakoś zapobiec takiej ewentualności. „Nie – odpowiada James – przecież Saguna zna tylko takie życie, tradycyjne życie Samburu. Nic nie da się zmienić. Wszystko musi iść swoją koleją. Saguna przejdzie przez wszystkie obrządki i ceremonie, a potem będzie miała nowy dom przy wybranym dla niej mężu".

James mówi to tak zdecydowanym tonem i z takim przekonaniem, że nie mogę oprzeć się smutnej refleksji. Kobiety tutaj jeszcze długo nie będą miały prawa do samodzielnego życia. Wraz z tą refleksją przychodzi druga – jak ambiwalentna jest moja postawa. Z jednej strony podziwiam piękno strojów dziewcząt i wojowników i pragnę, aby tradycje i obyczaje Samburu jeszcze długo pozostały żywe. Z drugiej – chciałabym, by zmieniły się te zwyczaje i rytuały, które rażą mnie jako Europejkę. Ta myśl boli mnie i zasmuca, a jednocześnie cieszę się, że moja córka może się wychowywać w Szwajcarii. Jest mniej więcej o dwa lata młodsza od Saguny i gdyby żyła tutaj, nie miałaby zapewne najmniejszej szansy, by prowadzić samodzielne życie. Nawet gdybym walczyła o to z całych sił.

Kiedy nieco później wychodzimy z domu, widzę, że Saguna siedzi na kamieniu pod akacją i bawi się z Shankayon oraz dwiema innymi dziewczynkami. Siadam obok niej i czekam, ciekawa, czy się do mnie odezwie. Saguna tymczasem zdjęła z głowy swój piękny diadem. Pewnie dlatego, że jest jej gorąco. Co jakiś czas wsuwa dłonie pod naszyjniki na piersi i unosi je nieco, chcąc dopuścić do skóry trochę powietrza. Nagle pyta o Napirai. Próbuję jej coś opowiedzieć, ale nie za dobrze mi to idzie ze względu na problemy językowe. Proszę Shankayon, żeby przyniosła od mamy mały czerwony album ze zdjęciami. Tymczasem pojawia się Lketinga i tłumaczy moje słowa Sagunie.

Pytam ją, czy przypomina mnie sobie. Czy pamięta, jak dałam jej brązową lalkę i jak razem chodziłyśmy nad rzekę. Saguna na wszystko odpowiada poważnym kiwnięciem głowy. Zaraz też nadbiega w podskokach Shankayon z albumem w rękach i podaje go Sagunie.

Dziewczyna otwiera album i zaczyna oglądanie od najnowszych zdjęć Napirai. Ze zdumieniem pyta, czy to rzeczywiście ona. Lketinga wyjaśnia jej dokładnie poszczególne fotografie, na których widać Napirai na śniegu i lodzie albo podczas kąpieli. Saguna ogląda fotografie z wielkim zdziwieniem i zaciekawieniem. To pewnie dla niej szczególne przeżycie, oglądać niewiele młodszą od siebie dziewczynę, która żyje w tak odmiennych warunkach, chociaż urodziła się w tym samym miejscu, co ona. Z pewnością dziwi ją, że Napirai ma długie włosy. Głowa Saguny jest bowiem gładko ogolona, zgodnie z tutejszym ideałem dziewczęcego i kobiecego piękna. Na zdjęciach, na których widać Napirai w dżinsach, wzrok Saguny zatrzymuje się na dłużej. Jakże chciałabym wiedzieć, jakie myśli przebiegają jej teraz przez głowę!

Tymczasem nad albumem znowu pochyla się kilka głów. Zwłaszcza Shankayon cieszy się, oglądając zdjęcia przyrodniej siostry. Saguna kilka razy przegląda cały album od początku do końca, szepce coś i śmieje się razem z innymi dziewczętami. Przysiadam się bliżej i przyglądam jej szczupłym ramionom ozdobionym kilkoma bransoletkami z posplatanych sznurków kolorowych paciorków. Po chwili Saguna pyta: „Dlaczego nie przywiozłaś Napirai? Gdzie ona teraz jest, u kogo mieszka?". Odpowiadam, że Napirai chodzi do szkoły i nie mogła przyjechać, a podczas mojej nieobecności jest pod opieką rodziny przyjaciółki. Lketinga tłumaczy i dodaje, że Napirai być może przyjedzie w odwiedziny, kiedy już ukończy szkołę.

Saguna słucha uważnie i miękko dotyka mojego ramienia, wyraźnie zafascynowana moją srebrną bransoletką, w której widzi swoje odbicie. Delikatny dotyk jej ręki przywołuje ponownie to dawne uczucie bliskości i więzi, jakie wytworzyło się, gdy mieszkałyśmy razem w *manyatcie* mamy. Wtedy Saguna była dla mnie jak mały promyk słońca, który nie raz rozjaśniał smutek ciężkich dni. Czuję się taka bezradna, kiedy myślę o losie, jaki ją czeka, gdyż nie mogę jej przed nim ustrzec. Ale może Saguna wcale by sobie tego nie życzyła, może pragnie żyć zgodnie z plemiennymi nakazami, być akceptowaną i szanowaną przez członków wspólnoty. Życzę jej z całego serca, by dostała za męża młodego, dobrego mężczyznę.

Naszą rozmowę i sceny oglądania albumu Klaus sfilmował swoją kamerą. Saguna pewnie już wcześniej dowiedziała się od Shankayon, że można się zobaczyć na monitorze. Teraz siada obok Klausa, który pokazuje jej sfilmowane sceny. Saguna, najpierw przestraszona, a potem rozbawiona przygląda się ruchomym obrazkom. W ten sposób jeszcze nigdy siebie nie widziała, toteż z wielkim zaciekawieniem ogląda wszystkie ujęcia. Klaus kilka razy musi przewijać taśmę. W końcu wszyscy dajemy się zarazić tym dziecięcym zdziwieniem. Niestety, już wkrótce Saguna musi zbierać się w daleką drogę powrotną do domu. Jutro rozpocznie się normalny dzień, a ona jak zwykle będzie pilnować pasącego się stada. Wręczam jej przywiezione prezenty: piękną spódnicę, pachnące mydło i krem do ciała. Saguna z radością przyjmuje podarunki i chowa wszystko pod *kangą*. Żegnamy się, a ja wiem, że pewnie już nigdy więcej takiej jej nie ujrzę. Naturalnie pięknej w tym przepychu barw.

NOWA KUCHNIA, NOWE POTRAWY

James zaprasza nas do siebie na posiłek. Stefania rozdaje aluminiowe talerze i stawia na stole garnek ze spaghetti. Jemy z wielkim apetytem, chociaż u nas to danie przyrządza się inaczej. Stefania połamała spaghetti na małe kawałki i ugotowała je razem z kozim mięsem i warzywami.

James opowiada, że pewne rodziny we wsi, zwłaszcza te, w których dzieci chodziły do szkoły, zmieniły sposób odżywiania. On sam też zna spaghetti ze szkoły. To danie nie jest dla niego niczym nowym, podobnie jak dla jego rodziny. Ciekawi mnie, czy mama jada teraz makaron. Pamiętam, że dawniej wolała raczej nic nie zjeść, niż wziąć do ust coś, czego nie zna. Jedynym wyjątkiem były ananasy. James śmieje się z mojego pytania, mówiąc, że mama nie lubi makaronu. „Ale – dodaje – tak jak dawniej uwielbia ananasy i zawsze, gdy je do niej przynoszę, wspomina ciebie. To dzięki tobie poznała ich smak". Tak, doskonale to pamiętam. Widzę mamę przed sobą jak żywą – powoli, ostrożnie żuje i wysysa kawałki ananasa.

Na moje pytanie, czy teraz w sklepach Somalijczyków można dostać różne artykuły żywnościowe, James odpowiada dobitnie: „Somalijczyków już tutaj nie ma. Wszystkich przegnaliśmy. Wiesz, jak tylko wyjechałaś z Barsaloi i przestał działać jedyny we wsi sklep Samburu, natychmiast skoczyły w górę ceny cukru i mąki kukurydzianej. Somalijczycy nie trzymali się cen wyznaczonych przez państwo, tylko sprzedawali wszystko dwa razy drożej. Ludzie we wsi mogli tylko krzyczeć i narzekać. Pamiętam, jak lamentowali: «Dlaczego nie ma tutaj Corinne? Teraz nie mamy już dobrego sklepu ani samochodu». Somalijczycy, nie dość, że sprzedawali mało towarów, to jeszcze za drogo. A i za skóry krowie i kozie nie dawali tyle, co przedtem ty. Wielu mieszkańców wsi przychodziło do mnie i pytało: «Co możemy zrobić, żeby Corinne wróciła? Tylko biali potrafią prowadzić dobry sklep, a żadna inna biała kobieta nie zechce z nami tak dobrze żyć jak ona». Uważali, że powinienem cię poprosić, żebyś wróciła i ożenić się z tobą! Zrozpaczeni chwytali się najbardziej absurdalnych pomysłów".

Powoli dopijam herbatę. Muszę przetrawić te wszystkie nowości. O propozycji ożenku słyszę pierwszy raz. Jest to tak zabawne, że parskam głośnym śmiechem.

James, równie rozbawiony, opowiada dalej: „Powiedziałem ludziom, że musimy otworzyć własne sklepy, żeby kontrolować ceny. I stopniowo powstało tyle sklepów, że teraz jest ich za dużo. Interesy nie idą za dobrze".

Wchodzi Lketinga, siada obok mnie na prostej sofie i z ponurą miną pyta, czy właśnie rozmawialiśmy o nim. Wydaje się nie być w tak dobrym humorze, jak jeszcze przed godziną. Nie wiemy, skąd ta zmiana. Przez chwilę myślę, że może czuje się wykluczony, odsunięty, jak przed laty, kiedy James przychodził do naszego domu ze swoimi kolegami ze szkoły i graliśmy razem w karty, śmialiśmy się i rozmawiali. Żeby go trochę rozweselić, pytam, czy pamięta, jak w Mombasie, razem z moim bratem Erikiem i jego żoną Jelly, poszliśmy na spaghetti. Jak wtedy wszyscy się denerwowali, bo myśleli, że jemy długie, białe robaki. Na to wspomnienie Lketinga rzeczywiście się rozchmurza. „Pewnie, że pamiętam. To było dla mnie czyste szaleństwo! A dzisiaj spaghetti jedzą nawet niektórzy ludzie tutaj, we wsi!".

DALSZE PLANY PODRÓŻY

Omawiamy, jak dalej ma przebiegać nasza podróż i wizyta. Postanawiamy, tak jak to ustaliliśmy wcześniej, pojechać jutro na plan filmowy. Tam spędzimy dwa dni, potem odwiedzimy ojca Giuliana i wrócimy tutaj. Dzięki temu odpoczniemy trochę od siebie, a rodzina będzie mogła na tych parę dni wrócić do normalnych zajęć. Po powrocie chętnie wyprawilibyśmy przyjęcie pożegnalne dla wszystkich, którzy tylko zechcą przyjść.

Niestety, jako goście, niewiele możemy przy tym pomóc. Chcielibyśmy natomiast wziąć na siebie koszty całej uroczystości. Na rodzinę spadnie trud organizacji i dużo pracy do wykonania. Trzeba ubić cztery kozy i ugotować mnóstwo ryżu i fasoli. A przedtem uzbierać wystarczająco dużo drewna na opał i przygotować kilka palenisk. To naprawdę poważne zadanie, kiedy się nie ma samochodu, a czasu jest niedużo. James ofiarowuje się kupić żywność. Potem pyta Lketingę, czy ten mógłby kupić kozy. Pada szorstka odpowiedź: „Nie, nie będę miał na to czasu, jadę z Corinne. Chcę zobaczyć, jak jest z tym filmem. Co oni tam robią!".

O Boże! Na samą myśl o takiej ewentualności robi mi się słabo. Niby jak by to miało być? Przecież nawet dla mnie plan filmowy to rzecz zupełnie nieznana, i nie orientuję się w tym wszystkim, a co dopiero Lketinga! Nie czuję się na siłach wszystkiego mu tłumaczyć i wyjaśniać. Sama nie wiem, czego mam się spodziewać i jak to zniosę. A jeszcze miałabym odpowiadać za kogoś, kto kompletnie nie wie, co to jest produkcja filmu. Nie, to dla mnie za dużo!

Od razu przypomina mi się, jak kiedyś, w misji w Barsaloi, oglądałam z Lketingą film. Akurat trafiliśmy na superprodukcję *Ben Hur*. Na Lketindze obraz ten wywarł wielkie wrażenie, był bardzo poruszony. W żaden sposób nie mogłam go przekonać, że film nie ma nic wspólnego z dzisiejszym życiem białych. Dla niego było jasne, że u nas, w Niemczech albo w Szwajcarii, dzieje się dokładnie tak, jak pokazuje film. Po dwudziestu minutach musieliśmy wyjść z salki projekcyjnej. Potem jeszcze pokłóciliśmy się w domu i w tej awanturze było dużo wzajemnej nieufności. Jedyne, co mogłam wtedy powiedzieć Lketindze, to że film nie ma nic wspólnego z rzeczywistością.

A teraz Lketinga chce jechać ze mną na miejsce kręcenia filmu o nas, o części jego życia, o jego plemieniu. Nie wyobrażam sobie, żeby mógł w jakikolwiek sposób dojść z tym do ładu, zwłaszcza że nie będzie oglądał całego gotowego obrazu, a tylko skomplikowane i niezrozumiałe prace na planie filmowym.

Na szczęście z pomocą przychodzi mi James. Mówi Lketindze, że przecież jego obecność tutaj jest konieczna. Nie może ot, tak sobie wyjechać, kiedy cała wieś będzie przygotowywała święto na cześć jego gości. Te argumenty docierają do Lketingi. Obiecuje, że będzie na nas czekał i kupi kozy.

Spoglądam na zegarek i stwierdzam, że powinnam wrócić do misji, bo teraz jest czas na nawiązanie łączność radiowej z ojcem Giulianem. Towarzyszą mi Lketinga i Klaus. Pracownica misji przyjmuje nas miło i prowadzi do korytarza, gdzie zainstalowany jest radiotelefon. Urządzenie jest przestarzałe, ale działa sprawnie. Słyszę rozmowy w kilku językach, to w *kisuaheli*, to po włosku, to po angielsku. Lketinga przysłuchuje się uważnie. Najwyraźniej on lepiej się orientuje w działaniu tego aparatu niż ja. W pewnej chwili trąca mnie i mówi całkiem spokojnie, że teraz powinnam się odezwać.

Nagle słyszę głos ojca Giuliana. Po więcej niż czternastu latach. Nadal brzmi mocno i energicznie. Ojciec Giuliano cieszy się wyraźnie na nasz przyjazd i próbuje wytłumaczyć, jak do niego dotrzeć. Ale dojazd wydaje się tak skomplikowany, że misjonarz, niewiele myśląc, proponuje, że przyjedzie za trzy dni i odbierze nas z misji w Barsaloi punktualnie o dwunastej w południe. Właśnie chcę mu serdecznie podziękować, kiedy łączność zostaje przerwana.

Spacerkiem wracamy do Jamesa i Alberta, do *kraalu*. Tymczasem wróciły także zwierzęta i w *kraalu* panuje cowieczorny ruch i ożywienie. Kobiety doją beczące kozy. Siostra Lketingi wciska mi do ręki filiżankę i ze śmiechem zachęca, żebym i ja spróbowała. Wybieram dużą białą kozę i próbuję szczęścia. Naprawdę się cieszę, kiedy do naczynia tryska malutka, cienka strużka mleka. Ale oczywiście nie mam w dojeniu żadnej wprawy, tutaj trzyletnie dziecko robi to lepiej niż ja.

Zaraz też zbiera się wokoło mnie gromada roześmianych dzieci. Jak ja kocham pogodę i wesołość tych ludzi. Mimo trudnych warunków życia wielu udaje się zachować wrodzone poczucie humoru. Dzieciaki skaczą i biegają za kozami, słychać śmiechy, chichoty i pokrzykiwania, jak wszędzie tam, gdzie bawią się dzieci.

Kiedy zapada ciemność, ludzie rozchodzą się do swoich chat, by ugotować papkę z kukurydzy i herbatę, a my wracamy do naszego obozu. Mniej więcej za godzinę Lketinga i James jeszcze raz zajrzą do nas.

W obozie zasiadamy na składanych krzesełkach. Przyłączają się do nas kierowcy Francis i John. To bardzo sympatyczni i uprzejmi mężczyźni. Przez te wszystkie dni pilnują rzeczy i samochodów. Jak zwykle chcą nam przynieść drinki. Wolę dzisiaj z tego zrezygnować, bo ma przyjść Lketinga i nie chcę, żeby widział alkohol. Nie chciałabym w żaden sposób go narażać, gdyż jak się wydaje, dotychczas rzeczywiście nic nie pił.

Na wielkim, wysokim zbiorniku na wodę siedzą cztery siostry misyjne. Medytują. Nieduży, kudłaty piesek dotrzymuje nam towarzystwa. Klaus i Albert bawią się z nim z wielką przyjemnością. Wszyscy przez chwilę napawamy się ciszą i spokojem wieczoru, każde zajęte swoimi myślami. To spotkanie po latach, o którym marzyłam od tak dawna, przeszło wszelkie moje oczekiwania. To dla mnie duża satysfakcja, czuję przyjemne zadowolenie. Lecz jednocześnie uświadomiłam sobie, że już nie mogłabym tutaj żyć. Co prawda trochę się zmieniło na lepsze, ale i tak życie jest tu nadal ciężkie i surowe. Monotonia, powolność i ciągle ten sam rytm dnia codziennego na dłuższą metę byłyby dla mnie nie do zniesienia. Jak ja wytrzymywałam wtedy? Pewnie było to możliwe tylko dlatego, że ponad wszystko kochałam Lketingę i musiałam ciężko walczyć o przeżycie.

Lketinga zbliża się do nas powoli, poruszając się z niezwykłą elegancją i wdziękiem. Mówi, że widział już dwie kozy, które chce kupić na nasze święto, ale poczeka jeszcze do naszego odjazdu, bo wtedy spadną ceny. Pośle także po starszego brata, żeby i on przybył na pożegnalne przyjęcie. Gdy rozmawiamy, obok przechodzi James. Idzie do ojca misjonarza, by coś z nim omówić, ale po niedługim czasie wraca i dosiada się do nas. James również rozpoczął już przygotowania do wielkiego święta za cztery dni. Kiedy zatroskani pytamy, co będzie, jeśli nie wystarczy jedzenia dla wszystkich, uspokaja nas i mówi, że tutaj nie stanowi to problemu: „U nas każdy może przybyć na uroczystość i nikogo nie wolno wyprosić. Jeśli nie zostało już nic do jedzenia lub picia, nikt nie robi z tego sprawy. Gospodarze nie mają obowiązku podawać jedzenia tak długo, aż wszyscy się nasycą. Liczę się z tym, że przyjdzie do nas z pół wsi i oczywiście nie damy rady nakarmić tylu osób. Najważniejsze, żebyśmy mieli wystarczająco dużo tytoniu dla starców". Lketinga kiwa głową na potwierdzenie i dodaje z przekonaniem, że na pewno wszystko się uda. Gawędzimy jeszcze pół godziny, po czym żegnamy się i umawiamy, że jutro, przed wyjazdem, jeszcze raz zajrzymy do *kraalu*. Lketinga pyta przed odejściem: *You sleep alone good here, no problem?* Pokazuje przy tym na mój namiot. „*Hakuna matata* – nie ma problemu, dobranoc", odpowiadam. Potem wsuwam się do namiotu i wkrótce zapadam w sen.

W DRODZE NA PLAN FILMOWY

Budzę się wczesnym rankiem i nie wiem, co za odgłosy wyrwały mnie ze snu. Nasłuchuję przez chwilę i rozpoznaję przeciągłe ryczenie osła rozbrzmiewające wraz z ujadaniem psa. Jak co rano słyszę niezliczone, różnorodne głosy ptaków. Ta bliskość przyrody działa na mnie kojąco. Przyjemnie jest nie słyszeć hałasu ulicy i ryczących motorów, które normalnie wyrywają mnie ze snu. Ciekawa nowego dnia rześko wychodzę z namiotu. Nasi kierowcy już są na nogach i najwyraźniej nie mogą się doczekać, kiedy wreszcie zasiądą za kierownicami samochodów. Po niedługim czasie wszyscy stoimy wokół kochera gazowego i czekamy na gorącą herbatę i kawę. Oczywiście przybiega nasz ulubieniec, piesek sióstr misyjnych, którego nazwaliśmy Willi. Już wisi u nogawki spodni Klausa, rozśmieszając nas wszystkich zabawnym zachowaniem. Do jedzenia mamy tylko resztki orzechów i chrupek, ale i tak nikt nie ma specjalnie apetytu.

Francis i John sprawnie i szybko zwijają nasze namioty, ładują je do bagażników, a my pakujemy rzeczy. Potem idziemy do *kraalu*. Lketinga wychodzi do nas, James stoi już przy swoim motocyklu, gotowy do drogi. Omawiamy ostatnie szczegóły dotyczące święta pożegnalnego i wręczamy Jamesowi pieniądze potrzebne na zakupy. Mama wychodzi z *manyatty*, żeby się z nami pożegnać. Ponieważ wiemy, że niedługo wrócimy, pożegnanie nie jest smutne. Podjeżdżają nasi kierowcy. Lketinga lekko dotyka mojego ramienia i pyta: „Po ilu dniach przyjedziesz tu spać, po dwóch czy po trzech dniach?". Odpowiadam: „Po dwóch, ale wtedy zatrzymamy się w Barsaloi na krótko. Spotkamy się z ojcem Giulianem, a potem pojedziemy z nim do Sereritu. Tam przenocujemy jedną noc i wrócimy, aby spędzić tutaj noc przed świętem". Lketinga mówi z poważną twarzą: *„Okay, no problem,* teraz jedźcie".

Znowu przejeżdżamy przez wyschnięte koryto rzeki i obok szkoły, potem skręcamy w kierunku na Wambę. Odgałęzienia dróg nie są oznakowane, więc można się jedynie domyślać, dokąd się jedzie, szczególnie że te wszystkie polne drogi wyglądają tak samo: czerwona ziemia, gdzieniegdzie wyrwy i dziury, niekiedy ślady kół. Przejeżdżamy przez okolicę o niezwykłym krajobrazie, której charakter nadają liczne parasolowate akacje. Od czasu do czasu na tej suchej półpustyni wykwita niewielki krzew jaśniejący cudownymi czerwonymi kwiatami. To wspaniały dowód, że przyroda potrafi żyć nawet tam, gdzie jest mało wody. Widoki zapierają dech w piersiach! Na horyzoncie w oddali rozpoznaję łańcuchy górskie wraz z ich pierwotnymi gęstymi lasami. W okresach suszy chronią się tam dzikie zwierzęta. Niebo po raz pierwszy od chwili naszego przyjazdu nie jest jednolicie niebieskie, lecz tu i tam przesłonięte białymi chmurami. Za mniej więcej trzy tygodnie zacznie się pora deszczowa. Wtedy cały ten obszar zmieni się niemal w okamgnieniu. W porze deszczowej rzeki przybierają szybko i gwałtownie. Wezbrana, nieokiełznana masa brązowoczerwonej wody porywa wszystko. Przez kilka dni rzeki są nieprzejezdne. Ziemia, teraz tak wysuszona, że co chwila w powietrze wzbija się pył, zamienia się w gęste błoto. Wolelibyśmy uniknąć tego wszystkiego podczas naszego krótkiego safari. Mam nadzieję, że ekipa filmowa nie będzie tu tkwiła podczas deszczów. Mój wzrok błądzi po wspaniałych krajobrazach. Tu i tam, kiedy przyjrzę się dokładniej, dostrzegam na stepie pojedyncze *kraale*. Wtapiają się w okolicę i prawie nie odróżniają barwą, a jedyną oznaką ich istnienia są koliste ogrodzenia z ciernistych gałęzi.

Chociaż jedziemy naprawdę w żółwim tempie, kierowcy muszą bardzo uważać, gdyż drogę coraz to zachodzą nam zwierzęta, wystraszone hałasem motorów. Wielbłądy schodzą na bok niezwykle wolno, większość z nich ma przednią nogę podwiązaną w stawie kolanowym, by nie mogły szybko biegać. Dla nas nie jest to miły widok, ale to skuteczny sposób na utrzymanie stada w całości.

Na skraju drogi co jakiś czas spotykamy dzieci w różnym wieku – wesoło machają za samochodami albo wyciągają do nas ręce. Na szczęście mam jeszcze jakieś słodycze, toteż niewiele myśląc, rozdaję je dzieciakom. Większość cieszy się, jakby to były wspaniałe gwiazdkowe prezenty. Prawie wszystkie kobiety, które spotykamy, niosą na plecach małe dziecko, a na głowie kanister z wodą albo wiązkę drewna. Niekiedy trafia się juczny osioł. Kolorowo odzianych ludzi widać już z daleka. Wyglądają niezwykle majestatycznie, kiedy tak idą przez rozgrzany busz, krocząc z wdziękiem i elegancją, a czerwone, niebieskie i żółte *kangi* powiewają i furkocą wokół ich postaci, poruszane nieustannie wiejącym wiatrem. I do tego jeszcze te kolorowe naszyjniki, bransolety i kolczyki, które dodatkowo zdobią i tak już piękne postacie.

Od czasu do czasu widzimy umykające w podskokach *tic tic*, nieduże zwierzęta kopytne, podobne do saren. W czasie głodu są tutaj prawdziwym rarytasem! Gdzieniegdzie pasą się niewielkie stada zebr. Ale ani śladu większych zwierząt, takich jak żyrafy czy słonie. Jedynie pokaźne rozmiary odchodów wskazują, że niedawno przechodziły tędy stada słoni. Między akacjami dostrzegamy opuszczone termitiery, wielkie, skomplikowane budowle, osiągające nierzadko wysokość do dwóch metrów. Nowy misjonarz z Barsaloi powiedział nam, że właśnie z materiału uzyskanego z termitier buduje nowy kościół w Opiroi. To znakomity surowiec budowlany, twardy jak kamień, mocny, wytrzymały – no i nic nie kosztuje!

Jedziemy już około dwóch godzin i musimy uważać, żeby nie przeoczyć skrętu w busz. Co prawda Klaus już raz był w miejscu, gdzie kręcą film, ale jechał z innej strony. Dowiedział się, że teraz jest też nowa droga dojazdowa na plan. Może i tak, bo rozpoznajemy na drodze ślady pojazdów, ale nie wyglądają jak pozostawione przez duże samochody ciężarowe. Film kręcą w pobliżu Wamby, którą rozpoznaję w oddali. Tak, to musi być już blisko!

Ale im bardziej zbliżamy się do celu, tym większy ogarnia mnie niepokój, tym bardziej jestem zdenerwowana. Dotychczas rozmyślałam jedynie o mojej afrykańskiej rodzinie, a teraz te myśli ustępują miejsca innym odczuciom i emocjom.

Przede wszystkim jestem bardzo ciekawa Niny Hoss, aktorki, która ma się wcielić w moją postać. Gorąco pragnę, abyśmy przypadły sobie do gustu. Z pewnością i dla niej spotkanie z kobietą, której losy odgrywa w filmie, wcale nie będzie takie łatwe.

A odtwórca postaci Lketingi? Czy stanie na wysokości zadania, czy godnie odegra rolę mojego dumnego afrykańskiego męża, czy jej podoła? Bo przecież nie należy do plemienia Samburu, nie jest Masajem. Nie jestem wcale taka pewna...

Z drugiej strony doskonale zdaję sobie sprawę, że autentyczny Samburu, żyjący tradycyjnie, nie mógłby odgrywać tej roli. Przecież taki człowiek nie wie, co to film, co to aktorstwo. Jakże więc mógłby odgrywać czyjeś życie? W dodatku pewnie trudno byłoby znaleźć kogoś, kto choćby rozmawiał z białą kobietą, nie mówiąc już o kontakcie fizycznym. W tradycji plemiennej Samburu nie istnieją pieszczoty, a pocałunki są absolutnym tabu. Jakiś wojownik miałby przez trzy miesiące na planie odgrywać takie zachowania, w dodatku powtarzać niektóre sceny po dwadzieścia razy! Nie, to byłoby absolutnie niemożliwe!

Realizatorzy filmu długo poszukiwali odpowiedniej osoby do roli Lketingi, także wśród Masajów i Samburu z wybrzeża, mających kontakt z turystami. Nikogo jednak nie znaleźli i dlatego zdecydowali się na pewnego sympatycznego Afrykańczyka, który co prawda nie pochodzi z Afryki Wschodniej, ale jest wystarczająco otwarty, inteligentny i świetnie nadaje się do tej roli. Nasi filmowcy nie mogą się go nachwalić, a ja jestem niezmiernie ciekawa, czy i mnie się spodoba. Bardzo bym tego chciała.

To szczególne uczucie, jechać na plan filmu, gdzie właśnie powstaje obraz o fragmencie własnego życia. W zasadzie udaje mi się zachować dystans do tego, co się dzieje. Przez cały czas mam świadomość, że to tylko film, a nie moja rzeczywista przeszłość. Jednak pojawiają się momenty, kiedy oczekuję, że wszystko w filmie będzie dokładnie takie, jakie było w moim życiu tutaj, w Kenii. Wiem, to niełatwe. Mam nadzieję, że wizyta na planie i możliwość przyjrzenia się pracom nad filmem nieco złagodzi moje obawy.

Zatopiona w myślach nie zauważam, że nie udaje się nam odnaleźć drogi dojazdowej. Kilka razy wjeżdżamy na jakiś szlak, który po kilkuset metrach kończy się ślepo i musimy zawracać. Jesteśmy już niedaleko Wamby, kiedy natykamy się na jeepa opatrzonego wielkim żółtym napisem: *The White Masai*. Klaus zna ludzi jadących jeepem, prosi ich o dokładne wskazanie drogi. Kilka kilometrów dalej w samym środku buszu dostrzegamy drogowskaz z napisem: *White Masai Location*. Do moich lękliwych myśli i obaw dołącza teraz nieśmiałe uczucie pewnej dumy.

Jeszcze dwa razy przejeżdżamy przez potężną Wamba River, która na szczęście jest teraz jedynie wyschniętym korytem, i po niedługim czasie naszym oczom ukazuje się wjazd do obozu filmowców. Teren jest ogrodzony i pilnowany przez strażników. Do środka może wejść tylko ten, kto ma specjalne pozwolenie. Przed barierką widzimy grupki kobiet i mężczyzn, większość z nich ma na sobie tradycyjne stroje i ozdoby Samburu. Niektórzy na prowizorycznych straganach sprzedają tradycyjne pamiątki osobom zatrudnionym na planie. Parkujemy w wyznaczonym miejscu. Wysiadam z samochodu i – po raz pierwszy w życiu! – wkraczam na plan filmowy. A przy tym jest to film, który opowiada o moim życiu. Nie do wiary!

NA PLANIE

Pierwsze, co rzuca mi się w oczy, to miasto namiotów. Po obu stronach długiego placu stoją namioty mieszkalne, w równych szeregach i odstępach. Od razu widać, że wszystko zaplanowano z niemiecką dokładnością, porządnie i praktycznie. Namioty wyglądają jak małe domki z przedsionkami. Z tyłu, w nieco większej odległości, stoją nieduże konstrukcje, mniej więcej wysokości człowieka – coś w rodzaju budek o ściankach z plastiku. Później okazuje się, że to prysznice i toalety. Kiedy na to patrzę, po prostu odbiera mi mowę. Jaki nakład pracy, materiałów i kosztów, by odtworzyć moje ówczesne życie, w którym ja nie miałam niemal nic poza „chatką z krowich placków"!

Miasto namiotów usytuowane jest malowniczo między dwoma wzgórzami. W oddali majaczą góry. Prowadzą nas do namiotu, w którym mieści się centrum informacyjne wyposażone we wszelkie urządzenia najnowszej techniki. Na pulpitach stoją laptopy i komputery, pracują przy nich ludzie z obsługi planu. Wszędzie widzę telefony komórkowe podłączone do ładowarek. Bardzo mnie to cieszy, bo wreszcie będę mogła skontaktować się z Napirai. Moja córka pewnie niecierpliwie i z mieszanymi uczuciami czeka na znak ode mnie.

W tej chwili w namiocie nie ma wielu osób. Przedstawiamy się obecnym. Pozostali są albo na obiedzie – właśnie jest pora lunchu – albo na planie. Każdemu z nas przydzielają jeden z tych ślicznych namiotów. Ktoś idzie zawiadomić osoby mające się nami opiekować, że przybyliśmy. Przed spotkaniem chcemy się odświeżyć, zmyć z ciał kurz i pył długiej drogi. Wchodzę do mojego namiotu – i jestem po prostu zachwycona! Stoi tu prawdziwe łóżko! Ze świeżą pościelą! Są też białe frotowe ręczniki – co za luksusy w porównaniu z ostatnimi dniami. Stolik z krzesłem i mała szafka dopełniają wyposażenia.

Po chwili przed namiotem zjawia się jakiś Afrykańczyk i pyta, czy życzę sobie do mycia ciepłej wody. Ale na dworze jest dzisiaj około czterdziestu stopni, więc odmawiam. Za to proszę, żeby mi wyjaśnił, jak działa prysznic. To bardzo oryginalne urządzenie. Wchodzi się do wąskiej, wysokiej plastikowej kabiny za namiotami i staje pod natryskiem, który jest zaopatrzony w sznur. Jego pociągnięcie powoduje, że płynie woda – tak jak z rezerwuaru w toalecie. Wodę, zimną albo podgrzaną, zależnie od tego, jaką się zamówiło, wlewa się do pojemnika zawieszonego nad kabiną. W drugiej części plastikowego domku znajduje się toaleta. Co prawda jest to tylko rodzaj zwykłej wygódki, ale wszystko jest urządzone higienicznie i praktycznie.

Po wzięciu odświeżającego prysznica z przyjemnością się ubieram. Zaraz potem dolatuje mnie głos sprzed namiotu: *Madame, your lunch, please.* Rozsuwam zamek błyskawiczny wejścia i nie wierzę własnym oczom. Wydaje mi się, że śnię. Uśmiechnięty boy podaje mi tacę ze srebrnym kloszem. Zasiadam przy moim stoliku, zdejmuję klosz i ponownie ogarnia mnie zdumienie, gdy widzę, co znajduje się na tacy: przystawka, danie główne, deser i różne owoce – wszystko pięknie podane i udekorowane. Z przyjemnością raczę się tymi pysznościami. Smakuję każdy kęs.

To zdumiewające, jak bardzo zmienia się nastawienie do jedzenia, jeśli człowiek przez jakiś czas musi się ograniczać i rezygnować z wielu rzeczy. Aż za dobrze znam to uczucie z głodnych czasów w Barsaloi. Co prawda miałam wtedy pieniądze, ale często nie mogłam za nie kupić nawet podstawowych produktów żywnościowych. W porze deszczowej rzeki były nieprzejezdne – i nie było możliwości wydostania się z Barsaloi, aby nabyć cokolwiek do jedzenia. Teraz, gdy jem te wspaniałe potrawy, wydaje mi się, że jestem na luksusowym safari.

Po posiłku wychodzę z namiotu i natykam się na Alberta, który rozmawia z producentem filmu, Günterem Rohrbachem. Witamy się serdeczne, a Günter pyta mnie o pierwsze wrażenia. Odpowiadam ze śmiechem, że jak na razie mogę powiedzieć tylko coś na temat obozu *mzungu*, bo nie widziałam jeszcze miejsca, w którym kręci się film. Günter natychmiast proponuje, że jeszcze dzisiaj pokaże nam *kraal*, a jutro zwiedzimy filmowe Barsaloi.

Po kilkuminutowej jeździe samochodem docieramy do *kraalu*, zbudowanego przed kilkoma miesiącami wyłącznie na potrzeby filmu. W *kraalu* mieszkają tradycyjne rodziny Samburu statystujące w filmie. To, co widzę, robi na mnie duże wrażenie. Wszystko tu jest wiernie i pieczołowicie odtworzone w najdrobniejszych szczegółach. *Manyatty* wyglądają dokładnie tak, jak chata mamy w Barsaloi.

Ponieważ faktycznie mieszkają tu rodziny Samburu, autentyczne jest także codzienne życie. Przed chatami siedzą matki z dziećmi. Jedne je myją, inne piorą *kangi*. Na kolczastym ogrodzeniu suszą się uprane rzeczy. I to jest pierwsza uderzająca różnica: dzieci i dorośli mają na sobie czyste ubrania. Pewnie jest tak dlatego, że mieszkańcy *kraalu* mogą korzystać z wody, którą codziennie dostarcza się z obozu filmowców w wielkich cysternach.

Poza tym wioska wygląda tak, jakby była prawdziwa, a ludzie mieszkali tu od lat. Zgadza się każdy detal. Cieszy mnie ogromnie, że nie zafałszowano niczego. Co chwila spotykamy pięknie wystrojone dziewczęta. Od razu rzuca mi się w oczy, że teraz zamiast ptasich piór, do ozdabiania głów dziewczęta używają kolorowych, plastikowych kwiatów. Mnie to po prostu rozśmiesza, ale dla dziewcząt i wojowników takie wyroby z plastiku to coś nowego i luksusowego.

Przechadzamy się po *kraalu*, a mieszkańcy obserwują nas z zainteresowaniem albo z lekkim rozbawieniem. Nie wiedzą, że jestem tą kobietą, która kiedyś mieszkała w jednej z ich plemiennych wsi i teraz kręci się film właśnie o mojej historii.

W pewnej chwili stajemy przed nieco większą, niezamieszkaną *manyattą*. Przedstawia ona moją dawną *manyattę* w Barsaloi. Wślizguję się do środka i stwierdzam z zadowoleniem, że i tutaj wszystko urządzono i odtworzono z wielką pieczołowitością i dbałością o autentyczność szczegółów. To, co widzę, przekonuje mnie, że film właściwie przedstawi i zachowa wspaniałą, jedyną w swoim rodzaju kulturę Samburu, która w tej formie być może nie przetrwa już długo.

W porze herbaty czeka smakowity poczęstunek, z sokami, kawą, herbatą i różnymi łakociami. Zwykle nikt nas tak nie obsługuje i nie stawia co chwila przed nami smakołyków, toteż z przyjemnością korzystamy z okazji. W obozie już się rozniosło, że przyjechała „prawdziwa" biała Masajka. Ktoś podchodzi do mnie i pozdrawia uprzejmie słowami: „Cieszę się, że mogę poznać panią osobiście. Podziwiam panią za odwagę i wytrwałość. Za to, że zdecydowała się pani na to niezwykłe, trudne życie. Gdyby nie pani, nie byłoby nas tu dzisiaj i pewnie nigdy byśmy nie przyjechali do tego wspaniałego kraju i nie poznali Samburu. Proszę przyjąć moje wielkie podziękowania".

Jestem bardzo wzruszona i nie wiem, co odpowiedzieć na te piękne słowa.

Teraz chciałabym, żeby Lketinga tu był i mógł się przekonać, jak wielu ludzi na całym świecie interesuje się naszą historią. Jak są życzliwi nie tylko mnie, ale także jemu i jego rodzinie. W domu, w Szwajcarii, doświadczam tego niemal codziennie. Dostaję listy i maile, rozmawiam z ludźmi na odczytach, wielu zaczepia mnie na ulicy. Tymczasem w Barsaloi Lketinga ma z naszego powodu same przykrości. Prawie żałuję, że go tu nie zabrałam i nie może usłyszeć tych miłych słów, ani wszystkiego zobaczyć. Pocieszam się myślą, że opowiem mu o wszystkim podczas święta pożegnalnego, a potem przyślę mu zdjęcia.

Udaje mi się porozmawiać z kilkoma ludźmi z ekipy, między innymi z pochodzącą z Afryki Południowej kostiumolog, która mimo tej wspaniałej przygody na planie zaczyna tęsknić za domem. Rozmawiam też z przesympatycznym charakteryzatorem z Niemiec.

Ktoś pokazuje mi stojącą w pewnym oddaleniu antenę do telefonów komórkowych, zamontowaną na czas kręcenia filmu. Są tu także wielkie generatory, które wytwarzają prąd niezbędny do kręcenia filmu. Nie do wiary, ile materiałów, urządzeń i wszelkiego wyposażenia trzeba było przetransportować do buszu! Mogę mieć tylko nadzieję, że ulewy pory deszczowej nie zaskoczą ekipy.

Po południu, gdy z nieba leje się żar, miasteczko filmowców w rozedrganym, migotliwym upale wygląda jak wymarłe. Za to wieczorem, po zapadnięciu zmroku, wszystko się ożywia. Zewsząd nadchodzą ludzie, którzy przez cały dzień pracowali przy filmie. Wszyscy idą do swoich namiotów drogą oświetloną lampami naftowymi. Na otwartych paleniskach w wielkich beczkach podgrzewa się wodę do mycia, a w namiotach mieszkalnych członkowie ekipy przygotowują się do kolacji.

Albert, Klaus i ja siedzimy razem z producentem filmu w namiocie-jadalni, przypatrując się, jak przygotowuje się jedzenie dla ponad stuosobowej ekipy. Pod kierunkiem Rolfa Schmida, Niemca, który od wielu lat mieszka w Kenii i zajmuje się gastronomią, pracuje grupa kenijskich pomocników. Rolf jest profesjonalistą, jeśli chodzi o usługi cateringowe dla ekip filmowych pracujących w Kenii. Już przy wielu filmach troszczył się o strawę cielesną dla wszystkich zatrudnionych na planie. Pracował między innymi przy kręceniu *Pożegnania z Afryką* z Robertem Redfordem i Meryl Streep oraz na planie filmu Caroline Link, *Nigdzie w Afryce*. Według opinii wielu fachowców Schmid jest najlepszym cateringowcem w całej Kenii. Jak pomyślę, że wszystko, co tutaj podają na stół, trzeba przywieźć w wielkich ciężarówkach aż z Nairobi, wprawia mnie to w podziw. To nie lada przedsięwzięcie i problem logistyczny, a fachowość Schmida budzi najgłębszy respekt.

Namiot powoli zapełnia się ludźmi. Wreszcie pojawia się Hermine, reżyserka filmu. Cieszę się ogromnie, że znowu ją widzę i mogę powitać przy pracy. Już przy pierwszym spotkaniu wzbudziła moją sympatię. Patrząc na nią, mam poczucie, że film o moich afrykańskich przeżyciach jest w dobrych rękach – bardzo mi odpowiada, że reżyserem jest kobieta. W końcu zjawia się Nina. Na pierwszy rzut oka widzę, że przynajmniej zewnętrznie jest jak najbardziej właściwą osobą do zagrania mojej postaci. Wysoka, szczupła, jasnowłosa – wyglądałam podobnie przed osiemnastu laty. Z ulgą stwierdzam, że jest mi bliska także w sposobie bycia i ogólnym wrażeniu, jakie wywiera. Witamy się z wielkim zaciekawieniem i siadamy przy stole obok siebie. Sytuacja jest niezwykła – czuję się trochę nieswojo i jestem nieco skrępowana. Mam wrażenie, że Nina także. Do naszego stolika przysiada się włoski aktor, który w filmie gra ojca Giuliana – zajmuje miejsce naprzeciwko nas. Podoba mi się, chociaż zewnętrznie nie przypomina „oryginału". Ale bez trudu mogę sobie wyobrazić, że potrafi być równie energiczny i skuteczny w działaniu, jak ojciec Giuliano.

Potem pojawia się Jacky Ido, który gra Lketingę. W filmie nosi imię Lemalian. Podczas kolacji jest ubrany po europejsku i jego wygląd wydaje mi się bardzo odległy od wyglądu wojownika Samburu. Staram się nie pokazać, że moje pierwsze wrażenie nie jest najlepsze. Jednak podczas przywitania stwierdzam istnienie pewnego podobieństwa do mojego byłego męża i jego wcześniejszego wyglądu, szczególnie w okolicach oczu. Jest też mniej więcej tego samego wzrostu, co Lketinga. Już przy pierwszych słowach da się wyczuć serdeczność i życzliwość aktora. To sympatyczny, miły człowiek.

Bardzo jestem ciekawa, jak będzie wyglądał jutro, po charakteryzacji. Rozmawiamy i dowiaduję się od niego, że na przemianę w wojownika Samburu potrzebuje codziennie dwóch godzin. Ciekawi mnie, jak dokonuje się tej sztuki, a ponieważ Jacky nie ma nic przeciwko temu, chcę być obecna przy charakteryzacji.

Jedząc, przysłuchuję się różnym rozmowom. Nietrudno zauważyć, że wszyscy są bardzo zmęczeni, wręcz wyczerpani. Codzienna praca na planie zaczyna się wcześnie rano i kończy późno, a upał daje się wszystkim porządnie we znaki. Dobrze, że jedzenie jest naprawdę wspaniałe i wynagradza trudy dnia. Desery mogą swobodnie konkurować z tymi z czterogwiazdkowego hotelu.

I chociaż dzisiaj naprawdę radują mnie te luksusy i rozkosze podniebienia, to gdy mieszkałam w buszu, niczego takiego nie potrzebowałam. Miłość do Lketingi dawała mi nieprawdopodobną siłę i zdolność przetrwania w trudnych warunkach. Żyłam tą miłością, czułam ją i mogłam dzięki niej przenosić góry.

Producent wygłasza krótką mowę, podczas której mnie przedstawia – teraz już wszyscy wiedzą, kim jestem. Wkrótce po kolacji odtwórcy głównych ról opuszczają namiot. Nina chce jeszcze przećwiczyć swój jutrzejszy tekst, a Jacky wcześnie kładzie się spać, gdyż wstaje bardzo rano – ze względu na charakteryzację. Wypijamy ostatni kieliszek wina i wychodzimy z namiotu.

Nieco z boku placu płonie ognisko, ustawiono przy nim w półkolu kilka krzeseł. Siadam na jednym z nich i z uczuciem przyjemnego odprężenia patrzę w skrzące się płomienie. Po chwili dołącza do mnie jakaś kobieta Samburu, matka z mniej więcej ośmiolatnią, żywą jak iskierka, dziewczynką. Kobieta pozdrawia mnie i od razu zaczyna opowiadać coś w języku *maa*. Natężam całą uwagę, by z tych okruchów zdań, które rozumiem, wyłowić jakiś sens. W pewnej chwili prawie podrywa mnie z krzesła. Przecież ta kobieta usiłuje mi powiedzieć, że zna mnie z dawnych czasów! Mówi, że była w szpitalu w Wambie w tym samym czasie, kiedy ja rodziłam Napirai. Ona wydała wtedy na świat swoje ostatnie, czternaste dziecko. Prawie nie wierzę własnym uszom! Ale właśnie to udaje mi się wyłowić z całego potoku słów. A kiedy kobieta dodaje, że w filmie gra mamę, po prostu nie posiadam się z radości. Koniecznie muszę mieć tłumacza! Chcę dokładnie wiedzieć, o czym ona mówi.

Szybko udaje się znaleźć kogoś, kto zna zarówno *maa*, jak i angielski. Rzeczywiście, wszystko dobrze zrozumiałam. To wprost nie do wiary. Po wielu zdjęciach próbnych z licznymi kandydatkami, do roli mojej teściowej wybrano akurat kobietę Samburu, która zna mnie sprzed lat i w dodatku urodziła dziecko w szpitalu w Wambie w tym samym czasie, co ja moją Napirai. Co za wspaniała wiadomość! Cieszę się ogromnie. Mam przy tym wrażenie, że to nie może być przypadek.

Wesoła dziewczynka gra Sagunę, w filmie nazywa się Christine. Mała to po prostu żywe srebro, biega i skacze, ale jest też bardzo spragniona bezpieczeństwa i czułości – można to wyczuć bez trudu. Później dowiaduję się, że wychowuje ją ciotka. Jej rodzice albo oddali ją na wychowanie, albo umarli. Tego nie wiem. A ponieważ Samburu bardzo niechętnie mówią o zmarłych, nie sposób dowiedzieć się niczego bliższego.

Jeszcze przez chwilę przypatruję się filmowej mamie. Wydaje się bardzo sympatyczna. Jednak jest młodsza od mojej teściowej – i dlatego brak jej tej aury tajemniczości, jaką roztacza mama. Ale tutaj, przy ognisku, po tym, co mi powiedziała, mam wrażenie, że jesteśmy sobie bliskie. Kobieta dodaje jeszcze, że zna kilka osób z mojej rodziny w Barsaloi. Miło mi to słyszeć.

Jestem naprawdę ciekawa, jak radzi sobie z rolą mamy w filmie. Oczywiście dla mnie mama była najważniejsza. To od niej czerpałam siły w chwilach zwątpienia. Nie raz uchroniła mnie przed cierpieniem. Byłabym niezmiernie szczęśliwa, gdyby udało się to pokazać w filmie.

Podczas naszej rozmowy, wokół ogniska zbiera się więcej osób. Zasiadają na krzesłach i zaczynają rozprawiać – prawdziwa afrykańska narada. Ludzie tutaj zawsze mają do opowiedzenia jakieś historie i zwykle jest przy tym bardzo wesoło. Filmowa mama wstaje, chce się udać na nocny spoczynek – jutro znowu długi dzień na planie. Ja także opuszczam obozowy plac i pożegnawszy się z kilkoma osobami, idę do mojego namiotu. Jestem bardzo zmęczona.

Lemalian, czyli Lketinga

Wcześnie rano budzi mnie głośny świergot ptaków. Wychodzę przed namiot i widzę ostatnie chwile wspaniałego wschodu słońca. Kilka metrów przede mną rośnie akacja o rozłożystej, parasolowatej koronie, na której najbardziej zewnętrznych konarach wiszą ptasie gniazda. Wyglądają jak kule przymocowane do gałęzi, do środka prowadzi umieszczone u dołu niewielkie, wąskie rurkowate wejście. Widok ptaków wślizgujących się od dołu do gniazd jest naprawdę pocieszny. Na drzewie wiszą pewnie ze trzy tuziny tych ptasich domostw, wokół których ze świergotem uwijają się ich mieszkańcy.

Po porannej toalecie idę do samochodu, w którym urzęduje charakteryzator. Nie chciałabym stracić okazji zobaczenia, jak Jacky Ido przeistacza się w Lketingę, filmowego Lemaliana. A Jacky już siedzi na swoim krześle i z daleka pozdrawia mnie szerokim uśmiechem.

„Jacky jest zawsze w świetnym humorze – mówi charakteryzator – chociaż rano przychodzi tu jako pierwszy, a wieczorem wychodzi ostatni". Na ścianie przyczepy wisi peruka z długimi, czerwonymi masajskimi warkoczami. Wygląda zupełnie jak prawdziwe włosy. Charakteryzator zaczyna pracę, a ja przyglądam się, jak następuje stopniowa przemiana Jacky'ego w Lemaliana.

Najpierw do prawdziwych uszu Jacky'ego doczepia się wymodelowane małżowiny z wielkimi dziurkami, aby można było włożyć kółka z kości słoniowej. Prawdziwie mozolna praca, wymagająca wielkiej precyzji. Te sztuczne elementy z brązowej plastycznej masy dla mnie, laika, wyglądają nieco makabrycznie, do złudzenia przypominają bowiem prawdziwe ludzkie ucho. Charakteryzator, widząc, jakie to na mnie robi wrażenie, daje mi na pamiątkę sztuczne ucho z poprzedniego dnia. Moją pierwszą myślą jest, by pokazać ten rekwizyt Lketindze. Ale natychmiast porzucam ten pomysł, bo pewnie znowu wywołałoby to tylko niepotrzebne dyskusje i zdenerwowanie. Skoro nawet dla mnie ten model wygląda jak autentyczne ludzkie ucho, to jak wytłumaczyć Lketindze, że są materiały, z których można zrobić wszystko, tak aby wyglądało na prawdziwe, i że w dodatku są ludzie, którzy zajmują się tym zawodowo?

Tę plastyczną masę charakteryzator precyzyjnie łączy z prawdziwymi uszami, modelując ją odpowiednio. Dzień w dzień to samo! Potem na głowie aktora mocuje się ciężką perukę. Im bardziej Jacky upodabnia się do wojownika Samburu, tym bardziej mi się podoba. Ale ponieważ te wszystkie zabiegi trwają już ponad godzinę, wybiegam na krótko na plac, gdzie podają śniadanie – żeby jeszcze dostać coś do jedzenia. Kiedy w pół godziny później wracam do charakteryzatorni, Jacky jest już prawie „zrobiony". Jakiś mężczyzna, prawdziwy Samburu, pomaga aktorowi założyć ozdoby i sprawdza, czy wszystko dokładnie odpowiada tradycyjnemu strojowi.

Tak, filmowy Lemalian o wiele bardziej przypomina Lketingę niż Jacky z wczorajszego wieczoru! Z nagim torsem, przystrojonym tradycyjnymi ozdobami, wygląda wspaniale i bardzo pociągająco. Łagodne oczy i szczery uśmiech jeszcze dodają mu uroku. Kiedy na niego patrzę, jestem przekonana, że zrobi na publiczności znakomite wrażenie; mój początkowy sceptycyzm pierzcha. Zresztą dla mnie to może i lepiej, że Jacky nie wygląda dokładnie tak, jak Lketinga – dzięki temu łatwiej mi będzie oddzielić film od rzeczywistości.

Czas nagli. Już za chwilę zabiorą Jacky'ego na plan, dlatego szybko robimy jeszcze kilka wspólnych zdjęć. Dzisiaj będą kręcone sceny w sklepie, z Carolą – bo takie imię noszę w filmie – w szóstym miesiącu ciąży. Jestem bardzo ciekawa, jak Nina będzie wyglądać „z brzuchem". Interesuje mnie też, jak wygląda filmowe Barsaloi, nasz dawny sklep i misja.

To wszystko mogę obejrzeć, lecz podczas kręcenia filmowcy chcą być sami, moja obecność przeszkadzałaby im w pracy. Doskonale to rozumiem i nie narzucam się, chociaż wspaniale byłoby móc podejrzeć bezpośrednio na planie, jak powstaje film.

Filmowe Barsaloi

Wkrótce nasza trójka rusza do filmowej wioski. Pod koniec droga prowadzi wokół wzgórza. Kiedy zza niego wyjeżdżamy, z wrażenia dosłownie zapiera mi dech w piersiach. Dla potrzeb filmu wzniesiono tu całą wioskę – filmowe Barsaloi! Po obu stronach drogi widzę drewniane chaty, które ze swoimi pordzewiałymi dachami i ścianami z odpadającą farbą wyglądają tak, jakby stały tutaj dobrych dziesięć lat. Wioska leży na wzniesieniu i widok na sawannę jest naprawdę wspaniały. Odtworzona dla filmu misja leży nieco dalej, na zboczu wzgórza.

Ponieważ po drugiej stronie, w sklepie, trwają właśnie prace nad filmem, najpierw idziemy zwiedzić misję. Już z daleka widać pewne podobieństwo do dawnej misji w Barsaloi, przede wszystkim dlatego, że i tutaj jest ogród warzywny. Pamiętam, jak bardzo ojciec Giuliano kochał ten swój ogród, i jak codziennie, stosując różne chytre i wymyślne sposoby, musiał go bronić przed cudzymi kozami. Także tutaj troskliwie pielęgnuje się kukurydzę i warzywa. Znowu podziwiam dbałość o wierne oddanie szczegółów. Urządzenie budynku misji utrzymane jest raczej w stylu kolonialnym. Królujący w środku kominek wygląda tak, jakby faktycznie używano go już niezliczoną ilość razy. Umeblowania dopełnia staromodny, wielki stół z kilkoma krzesłami wokoło, regały z książkami i parę świętych obrazków na ścianach. Naprawdę przyjemne wnętrze. Przed budynkiem misji wzniesiono kościół. Roztacza się stąd wspaniały widok na wieś. Od producenta, który nam towarzyszy i z wyraźną dumą wszystko demonstruje, dowiaduję się, że dzisiaj po południu będą tu kręcone kolejne sceny filmu.

Wszędzie wokoło widzę ludzi. Ale nie bardzo jest jak porozmawiać, gdyż podczas kręcenia scen na planie, przez megafony proszą o ciszę i spokój, nawet jeśli miejsce pracy filmowców oddalone jest o 300 metrów. Po tamtej stronie wsi, pod sklepem, panuje ożywiony ruch. Ktoś woła, że możemy przyjść do sklepu, bo właśnie będzie przerwa w kręceniu.

Idziemy, mijając miejscowych statystów siedzących na ziemi przed chatami. Co oni sobie myślą o nas, białych? Nagle zjawiają się jacyś *mzungu* z wielkimi ciężarówkami i w samym środku sawanny w ciągu kilku tygodni budują wieś, a nawet misję. A potem robią różne dziwne rzeczy, żeby to wszystko wyglądało na stare. Później miałam okazję się przyglądać, jak miejscowe kobiety i wojownicy, zatrudnieni jako statyści, z dziesięć razy musieli chodzić tam i z powrotem po ulicy, ciągle tak samo, bo trzeba było powtarzać jakieś ujęcie. Jestem przekonana, że jeszcze po latach będą sobie opowiadać o kręceniu tego filmu. Pewnie następne pokolenie usłyszy nie raz tę historię, prawdopodobnie w najróżniejszych wersjach.

Jesteśmy już prawie przy sklepie, kiedy ze środka wychodzą Lemalian i Carola. Wyglądają świetnie! Nina ma włosy związane z tyłu, tak jak ja wtedy. Z widocznym brzuchem, w jasnej, kwiecistej sukience i w skromnych masajskich ozdobach jest bardzo podobna do tamtej Corinne. Mówię jej to ze szczerym przekonaniem podczas przywitania. Robią nam kilka wspólnych zdjęć, ale zaraz potem Nina musi wracać do pracy. Przedtem mam jeszcze możliwość rozejrzenia się po naszym odtworzonym sklepie. Wszystko wygląda autentycznie, jest nawet stara waga szalkowa z ciężkimi odważnikami, odlanymi z żelaza. Kiedy na nią patrzę, przypomina mi się, jak tu harowałam, jak wybierałam z wielkich worków i odważałam codziennie po kilkaset kilogramów mąki kukurydzianej, cukru, ryżu. Wieczorem nie mogłam się ruszyć, tak bardzo bolał mnie krzyż. Ale nagrodą były roześmiane twarze ludzi, zadowolonych, że mogą u mnie kupić żywność. Wspominam to z radością, stojąc na planie filmowego sklepu, lecz zaraz muszę wyjść, bo jest już po przerwie i znowu zaczynają kręcić.

Idę z Klausem poszukać ciekawych scen i tematów do sfotografowania. Jedna wydaje mi się szczególnie wdzięczna. Oto widzimy dwóch starych mężczyzn w tradycyjnych strojach. Jeden z nich ma nad wyraz oryginalne „ozdoby": okulary ze szkłami niemal tak wielkimi, jak połowa jego twarzy i zabawny, miękki kapelusz z szerokim rondem i motywem tygrysa. Dołączam do mężczyzn i robimy sobie wspólne zdjęcie. Mężczyzna z okularami uśmiecha się do mnie wesoło. Starzy ludzie zawsze bardzo mnie pociągali. Twarz starego człowieka to świadectwo jego życia.

Siadamy w pewnym oddaleniu, w zacienionym miejscu i jeszcze przez parę godzin przyglądamy się pracy nad filmem. Ciągle powtarza się to samo: cisza, akcja, stop. I znowu: cisza, akcja, stop. Po pewnym czasie, kiedy już ochłonie się z pierwszego wrażenia, wszystko staje się nieco monotonne i nudne. Być może dlatego, że nie bierzemy bezpośredniego udziału w kręceniu i nie za bardzo się orientujemy, o co w tym chodzi.

Dlatego bardzo się cieszę, że po południu, kiedy kręcone są sceny w misji, zostaję zaproszona na kilka minut na plan. Reżyserka wskazuje mi krzesło obok kamery. Nie wiem, co będą teraz kręcić, więc czekam w napięciu. Nagle po schodach do budynku misji wbiega Lemalian, a ojciec Giuliano śpieszy do niego. To scena, kiedy Lemalian opowiada misjonarzowi, że z Carolą i dzieckiem w szpitalu wszystko w porządku.

Patrzę na tę scenę i zbiera mi się na płacz, zupełnie nie mogę się opanować. Jestem kompletnie zaskoczona swoją reakcją, bo przecież byłam całkiem spokojna. Widzę nie Lemaliana, a Lketingę i przypomina mi się wszystko, co wtedy przeżywałam. Jestem tak wzruszona, że nie mogę opanować drżenia. Dławiąc szloch, czym prędzej schodzę z planu, jest mi okropnie wstyd przed wszystkimi. Już taki drobny epizod wystarcza, żebym całkowicie straciła kontrolę nad swoimi uczuciami. O Boże, a co się stanie, jak zobaczę na ekranie Carolę? No tak, już wiem: nie obędzie się bez łez.

Na szczęście właśnie jest przerwa, tak więc mało kto poza planem zauważa moje wzruszenie. Nakładam na nos okulary przeciwsłoneczne i biorę gorącą kawę, a ponieważ jeszcze drżą mi ręce, oblewam sobie dłoń. Trochę mnie to otrzeźwia.

Po tym epizodzie mam dość i nie chcę dłużej oglądać prac przy kręceniu filmu. Uważam, że moja dalsza obecność tutaj jest właściwie zbędna. Poznałam już wszystkich aktorów i aktorki. Dekoracje, scenografia, miejsca zdjęć – wydają mi się jak najlepiej dobrane. A ponieważ nie mogę w żaden sposób przyczynić się do dalszych prac nad realizacją filmu, jest dla mnie jasne, że dłuższy pobyt na planie nie ma sensu. Najwyraźniej wzruszenia ostatnich dni nieco nadwerężyły moją stabilność emocjonalną. Zaplanowana wizyta u ojca Giuliana z pewnością dobrze mi zrobi. Jego osoba już wtedy dodawała mi pewności siebie, dzięki niemu miałam poczucie bezpieczeństwa. Na pewno trochę się u niego uspokoję i przygotuję wewnętrznie na powrót do Barsaloi i pożegnanie z moją rodziną, które z pewnością będzie dla nas wszystkich silnym wzruszeniem.

Reszta popołudnia upływa na sympatycznej pogawędce z producentem filmu i jego żoną. Podczas wystawnej kolacji dziękuję całej ekipie i aktorom za ich pracę i wysiłek, a przede wszystkim za możliwość zajrzenia za kulisy realizacji „mojego" filmu. W serdecznych słowach wyrażam głębokie przekonanie, że film dla wielu ludzi będzie naprawdę wzruszającym przeżyciem.

Ojciec Giuliano

Następnego dnia po śniadaniu opuszczamy obóz filmowców i udajemy się w trzygodzinną drogę powrotną do Barsaloi, gdzie o dwunastej w południe jesteśmy umówieni z ojcem Giulianem. Zajeżdżamy pod misję punktualnie. Misjonarz już na nas czeka. Prawie się nie zmienił. Tylko posiwiałe włosy i nieco więcej zmarszczek na ogorzałej twarzy znaczą minione lata. Jak dawniej nosi krótkie spodenki, koszulkę polo i lekkie plażowe sandały. Podchodzi do nas z szerokim uśmiechem na twarzy, witamy się serdecznie. Ojciec Giuliano, wyraźnie rozbawiony, mierzy mnie wzrokiem od stóp do głów i mówi: „I to ma być ta Corinne, która wtedy zastukała do drzwi mojej misji?". Na te słowa mogę się tylko roześmiać.

Bo przecież Giuliano znał mnie w moich „najchudszych latach". A teraz żyję w dobrobycie, odżywiam się zdrowo, i oczywiście przytyłam. Co prawda nie uważam, że jestem gruba, ale też nie wyglądam już jak tyka. Potem misjonarz wita się z Klausem i Albertem. Wyraźnie widać, jak wielką radość sprawia mu nasza wizyta.

Czas jechać. Na widok naszych dwóch wielkich samochodów terenowych Giuliano sugeruje, żebyśmy pojechali tylko jednym. Ale nasi kierowcy nie spuszczają z oka swoich aut, więc to oznaczałoby, że jeden z nich musiałby zostać tutaj. A tego oczywiście nie chcemy. W tym momencie nie wiemy jeszcze, że u ojca Giuliana jest po prostu ciasno. Wspomniał jedynie, że jego nowa misja nie jest tak duża, jak ta w Barsaloi. Kiedy napomykam, że brakuje mi przede wszystkim jego pięknego ogrodu ze wspaniałymi bananami, odpowiada krótko: „Ci nowi księża nie mają serca do ogrodów, hodowania warzyw i owoców, wcale ich to nie interesuje. Poza tym żaden z nich nie potrafi sam zreperować samochodu, a ta umiejętność bardzo się tu przydaje. No tak, za to mamy tutaj teraz dom sióstr zakonnych!".

Jadę z Giulianem, żebyśmy mogli sobie trochę porozmawiać. Okazuje się to jednak niemożliwe, gdyż na wyboistej drodze samochód trzęsie, a silnik warczy i hałasuje. Ledwo się słyszymy. Kilometr po kilometrze posuwamy się wyschniętym korytem Barsaloi River w kierunku gór. Już po półgodzinnej jeździe znajdujemy się w całkiem nieznanej i nowej dla mnie okolicy. Z Lketingą nigdy tutaj nie byłam. Koryto rzeki ma miejscami szerokość aż 300 m i łatwo sobie wyobrazić, jak musi tu być niebezpiecznie, kiedy w górach spadnie deszcz.

Przejeżdżamy przez strefy różnej roślinności. Miejscami okolica jest dość zielona, urozmaicona palmami pewnego gatunku, który znam z dawniejszych lat oraz krzewami, których nie znam. Zaraz potem widzimy ciemne skalne pagórki. Ojciec Giuliano mówi, że spodziewają się tutaj złóż złota i już się mówi o rozpoczęciu odwiertów, co dla tej okolicy oznaczałoby katastrofę ekologiczną.

Misjonarz prowadzi jak dawniej – ostro, szybko i pewnie. On, sześćdziesięcioczterolatek, ciągle spoziera w tylne lusterko i zrzędzi: „No i gdzie są ci młodzi kierowcy w tych swoich superautach?".

Na lewym brzegu rzeki siedzi w cieniu grupa kobiet Samburu w otoczeniu gromady dzieci. W wielkim saganie gotują papkę z mąki kukurydzianej, żeby nakarmić swoje pociechy. Ojciec Giuliano mówi mi, że tutaj jedynie nieliczne kobiety mają jeszcze mężów, na których pomoc i wsparcie mogą liczyć. Większość z mężczyzn przeniosła się do rozbudowujących się wsi i miast. Wielu też, niestety, popadło w alkoholizm. Misjonarz wysiada z samochodu, rozmawia z kobietami, przytula dzieciaki. Dla nas, Europejczyków, widok tych wszystkich kobiet w cieniu wielkiego drzewa to malownicze, sielskie sceny. Ale te matki codziennie ciężko walczą o przetrwanie – swoje i swoich licznych dzieci.

Jedziemy dalej. Podłoże pod kołami samochodów, dotychczas luźny, żółty piasek, zmienia się w wysuszoną, spękaną warstwę czerwonej gliny. Przypomina to gliniane skorupki, które pod wpływem gorąca powyginały się do góry. Te formy są tak fantastyczne, że chcę je sfotografować. Wysiadam z samochodu – ziemia jest rozprażona jak w wielkim piecu! Bez butów nie dałoby się tutaj wytrzymać ani sekundy. A jednak ciągle natykamy się na ludzi i zwierzęta, mieszkających w tej nieprzyjaznej krainie, gdzie życie wydaje się niemożliwe. Ojciec Giuliano macha do każdej kobiety, dziecka i mężczyzny, mijanych po drodze. Od czasu do czasu woła coś, usiłując przekrzyczeć świst powietrza. Znać, jak bliska jest mu ta okolica i jak bardzo kocha tę krainę.

Po dobrych dwóch godzinach wyjeżdżamy z koryta rzeki i skręcamy na drogę gruntową. Droga prowadzi na wzniesienie, z którego otwiera się wspaniały widok na okolicę. Ojciec Giuliano zatrzymuje się, wysiada z wozu i pokazuje nam krzew. Z jego gałązek odrywa niewielkie aromatyczne kulki. To kadzidło, zwane też olibanum, zestalony mleczny sok ze zranionej kory rośliny. Potem misjonarz wskazuje w kierunku widocznej w oddali białej kreski, która pionowo, niby wodospad, opada po stoku góry. „To moja misja – mówi. – Przed kilkoma miesiącami w nocy z potężnym hukiem oderwał się kawał góry za moim domem. Dzięki temu Sererit widać już z daleka. Jak tu będziesz następnym razem, wystarczy, żebyś jechała w tym kierunku" – dodaje ze śmiechem.

Podskakując i trzęsąc się na wybojach, powoli zbliżamy się do gór. Ich grzbiety są pokryte wyraźnie widoczną gęstą dżunglą. Giuliano opowiada, że żyją tam jeszcze ogromne stada bawołów i słoni, a człowiekowi prawie nie sposób przedrzeć się przez tę gęstwinę. Samburu podprowadzają swoje trzody aż pod samą dżunglę, gdyż trawa jest tam szczególnie soczysta.

Zupełnie nieoczekiwanie na skraju drogi pojawia się podłużny budynek. Giuliano wyjaśnia z dumą, że to nowa szkoła. Niestety, trudno tu o nauczycieli. Większość po kilku miesiącach pracy po prostu odchodzi. Ale zanim będzie można zatrudnić w szkole kogoś, kto się tutaj wychował, musi upłynąć jeszcze trochę czasu. Z rumorem toczymy się po drodze, omijając co większe kamienie i zarośla. Misjonarz rzuca mimochodem, że tę drogę dojazdową doprowadził sam, wcześniej nie było tu nic poza głazami i krzakami. Nie mogę się nadziwić, jak też ojciec Giuliano wytrzymuje w tej dziczy.

Misja w Sererit

Samochody powoli wspinają się zakosami po wąskiej dróżce. W końcu wyjeżdżamy zza ostatniego zakrętu i zatrzymujemy się przed misją. To, co widzę, w niczym nie przypomina misji. Mam raczej wrażenie, że znaleźliśmy się między ogromnymi puszkami po konserwach. Wszystko, z wyjątkiem „kościoła", który dominuje nad osiedlem złożonym z kilku chat, jest wykonane z blachy falistej. Nawet motocykl, który misjonarz miał już dawniej, stoi pod blaszanym dachem. Nasze samochody są prawie tak wysokie, jak te chatki. Teraz już rozumiem, dlaczego Giuliano chciał, żebyśmy pojechali tylko jednym samochodem. Po prostu nie ma tutaj miejsca.

Lecz misjonarz nie byłby sobą, gdyby nie potrafił rozwiązać i tego problemu. Jeden z naszych wozów stanie nad jego „kanałem samochodowym". Ten kanał to po prostu rów wykopany w ziemi, po bokach którego Giuliano wymurował małe rampy z betonu. Drugi wóz zaparkuje ukośnie na zboczu. Oczywiście w tych warunkach nie możemy skorzystać z namiotów.

Oglądamy misję. Nie tylko my, przybysze z Europy, nie możemy się nadziwić, jak można tu żyć. Także nasi afrykańscy kierowcy nie ukrywają zdumienia. Zagadnięty o to ojciec Giuliano, odpowiada ze śmiechem: „Idę wszędzie tam, gdzie mieszkają Samburu i gdzie jest woda. Tym się kieruję, więcej mi nie potrzeba. Ze wszystkich miejsc, które poznałem w ciągu tych wielu lat spędzonych w Kenii, to jest najpiękniejszy zakątek z najlepszą wodą". Giuliano mówi to z dumą i przekonaniem, a szeroki uśmiech potwierdza jego słowa.

Zaczyna się rozładowywanie jego samochodu. Kiedy pod plandeką ukazują się dwie wielkie beczki z ropą, przez głowę przelatuje mi pytanie, jak też pater ściągnie je z platformy. Ale i to nie jest dla Giuliana problemem. Specjalnie do tego celu zmontował coś w rodzaju podnośnika, no i pomaga mu też kilku Samburu. Na koniec w małej chatce, wyglądającej jak zwykła szopa, lądują paczki z tłuszczami dla lokalnych mieszkańców. Wchodzę do środka i pytam: „Czy to jest spiżarnia?". „Nie, Corinne – odpowiada misjonarz – to mój dom. Tutaj mieszkam. A śpię na tym stole. Wieczorem kładę na nim materac. I leży mi się bardzo wygodnie". Na mojej twarzy musi się malować wielkie zdumienie, gdyż ojciec Giuliano zapewnia mnie z wesołym uśmiechem na twarzy: „Niczego więcej mi nie potrzeba".

Gdy rozmawiamy, dołącza do nas inny włoski ksiądz. Siedemdziesięciosiedmioletni mężczyzna mieszka tutaj z Giulianem. Sprawia wrażenie niezwykle krzepkiego i energicznego.

Idziemy obejrzeć punkt centralny misji – najoryginalniejszy kościół, jaki kiedykolwiek widziałam. Przypomina ogromną *manyattę*. Dach i ściany okrągłej budowli przykryte są niebieskimi, żółtymi i zielonymi plastikowymi płachtami, tu i ówdzie trafia się słomiana plecionka. Wrota to duże arkusze blachy falistej, podnosi się je do góry i podpiera palami. Wewnątrz tego okrągłego namiotu na drewnianych kołkach wysokości około 40 cm przybito rzędy desek – pełnią funkcję ławek dla wiernych. Ojciec Giuliani, wyraźnie dumny ze swojej budowli, zapowiada, że jutro na mszy kościół będzie pełny.

Potem pokazuje nam, gdzie będziemy spać. Dostaję na nocleg mały domek z blachy falistej, natomiast Albert i Klaus muszą się pomieścić we dwóch w innym małym domku. Ponieważ teren jest pochyły, nasi kierowcy nie mogą rozbić swojego namiotu. Na to też jest rada. Giuliano mówi, że mogą się przespać na platformie jego wielkiego ciężarowego Unimoga. Jedną noc da się wytrzymać.

Ledwie wypakowaliśmy nasze rzeczy, a misjonarz już podaje nam na tacy aromatyczną, gorącą kawę – oryginalne włoskie espresso. Potem zaprasza nas do swojej malutkiej kuchni. Po drodze pokazuje swój ogród warzywny. Prowadzi do niego bramka, po której wije się przepiękny, czerwono kwitnący krzew. Giuliano uprawia najróżniejsze warzywa, między innymi pomidory, oberżyny, sałatę. Wszelkie możliwe zioła przyprawowe rosną po obu stronach ogrodowego parkanu.

Wchodzimy do skromnej kuchni. Stoi w niej wysoka lodówka, zasilana, podobnie jak oświetlenie w malutkiej misji, prądem z baterii słonecznych. Potrawy gotuje się na gazie z butli. Na stole króluje wielki kawał włoskiego sera żółtego, salami i szynka. Jak też tutaj, na końcu świata, udaje się temu mężczyźnie wyczarować te wszystkie wspaniałości?

Misjonarz jest bez przerwy w ruchu, ledwie znajduje chwilę, żeby się do nas przysiąść. Mówi, że to on tutaj kucharzy i dzisiaj wieczorem ugotuje dla nas coś prostego, ale dobrego. „Oczywiście takich delikatesów nie ma tu na co dzień" – dodaje, z uśmiechem puszczając do nas oko i jednocześnie nalewając do filiżanek czerwonego wina.

Taki właśnie jest ojciec Giuliano: prostolinijny, szczery, serdeczny. No i do tego prawdziwy geniusz organizacyjny! Dosłownie tryska energią. Przy nim człowiek czuje się bezpiecznie i pewnie.

Podczas posiłku Albert pyta go, czy czytał moją książkę. „O tak – odpowiada ojciec Giuliano z uśmiechem – bardzo dokładnie przeczytałem wszystko, co napisała Corinne. Szczególnie ciekawy był fragment o tym, jak to zatrzasnąłem jej drzwi przed nosem!". Wstaje i odgrywa scenę naszego pierwszego spotkania, kiedy to rzeczywiście potraktował mnie dość obcesowo. Wybuchamy śmiechem. W każdym razie Giuliano potwierdza, że wszystko, co napisałam w książce, całkowicie odpowiada prawdziwym zdarzeniom. Dodaje, że od razu wiedział, iż nasze małżeństwo nie przetrwa. Nie mieliśmy szans. W Europie i u Samburu zapatrywania zarówno na związek małżeński, jak i na sprawy seksu są zupełnie odmienne.

Także Giuliano opowiada nam o konflikcie z plemieniem Turkana, a potem zaczyna mówić o nowym niebezpieczeństwie, jakie zawisło nad tą krainą. Mianowicie rząd chce zamienić w rezerwat przyrody teren między Barsaloi a Sererit. Miejscowej ludności obiecano pracę przy obsłudze turystów. Ale to za mało. Utworzenie rezerwatu oznaczałoby dla mieszkańców utratę tego, co dla nich najważniejsze – prawa do swobodnego korzystania z zamieszkiwanych terenów. Jeśli powstanie rezerwat, będzie za mało miejsca do wypasu trzód. Giuliano jest przekonany, że miejscowe plemiona przetrwają tutaj jedynie wtedy, jeśli będą mogły nadal – wraz ze swoimi stadami – prowadzić tradycyjny półkoczowniczy tryb życia.

Widać, jak bardzo ta sprawa porusza misjonarza. Perspektywa odebrania ziemi tutejszej ludności doprowadza go do wściekłości, której nawet nie próbuje przed nami ukrywać. Tutaj, w Sererit, sytuacja byłaby szczególnie zła, gdyż źródłem świeżej wody są przez cały rok góry. Miejscowi muszą mieć do nich swobodny dostęp. Giuliano pokazuje nam wszystko dokładnie na mapie.

Sprawa, o której opowiada, jest dla mnie całkiem nowa i przysłuchuję się wszystkiemu z zaciekawieniem. W pewnej chwili muszę jednak zapytać o toaletę. Giuliano wskazuje na maleńką budkę, wykonaną z plastikowych płyt i słomianej plecionki. Wchodzę do środka i omal nie wybucham śmiechem. Ubikacja tutaj to tylko zwykła wygódka, ale za to jaka! Nad otworem jest drewniane miejsce do siedzenia, zastępujące muszlę klozetową, z ułożonymi po prawej i po lewej pięknie wygiętymi elementami z przepołowionego konara – czyli z deską klozetową! Czysta natura! Obok zainstalowano prysznic, na takiej samej zasadzie jak w obozie filmowców. Jest nawet osobny kran, gdzie można umyć ręce pod bieżącą wodą!

Pełna podziwu biegnę do moich towarzyszy, żeby im wszystko opowiedzieć. Ale już przy moich pierwszych słowach Albert i Klaus wybuchają gromkim śmiechem, aż im się brzuchy trzęsą! Patrzę na nich zdumiona i nic z tego nie rozumiem. W końcu mówią mi, że już o wszystkim wiedzą, ponieważ ojciec Giuliano przewidział moją reakcję. Powiedział im, że wrócę zachwycona – bo ten ekstra sedes zbudował specjalnie dla mnie!

Wychodzimy na zewnątrz. Klaus, Albert i Giuliano ciągle jeszcze śmieją się i żartują. Nagle słyszę dźwięk dzwoneczków i za ogrodowym płotem dostrzegam kilka czarno-białych krów, które powoli człapią do domu. Za nimi idzie dwóch wojowników i dziewczyna. Z widocznym zdumieniem spoglądają na nas w milczeniu. Przyjazd białych jest w tej okolicy z pewnością czymś niezwykle rzadkim.

Chcę trochę rozprostować kości i ruszam na zwiedzanie niewielkiego terenu misji. Podczas spaceru spostrzegam w ogrodzie tradycyjnie ubranego wojownika Samburu. Jego nagi tors zdobią sznury perełek, biodra okrywa czerwona chusta, mężczyzna ma też przypasaną maczetę. Ale niezwykłe i zadziwiające jest to, że w prawej ręce trzyma zieloną konewkę, którą starannie i uważnie podlewa ogród. Nie patrzy na mnie, jest całkowicie skoncentrowany na swojej pracy.

Potem dowiaduję się od ojca Giuliana, że Samburu często pomagają mu przy pracy, oczywiście za wynagrodzeniem. Dzięki temu uczą się wykonywać czynności, których wcześniej nie znali albo których sensu nie rozumieli. Przy wznoszeniu zabudowań misji, szkoły i przy budowie drogi dojazdowej także pomagali miejscowi. Misjonarz mówi, że jest tu przede wszystkim po to, by ułatwiać ludziom życie. Czy to przez szerzenie oświaty zdrowotnej i higieny, czy tworzenie możliwości nauki, a potem wykorzystywania zdobytej wiedzy w praktyce. W tym odległym od wszelkiej cywilizacji zakątku ojciec Giuliano jest pracodawcą, nauczycielem, przyjacielem, doradcą i pomocnikiem w jednej osobie.

Poza tym, podczas przechadzki nie widzę nikogo i mam wrażenie, że nikt tu nie mieszka. Ale to tylko złudzenie. Jak wszędzie w buszu, ludzie pojawiają się w najmniej oczekiwanych momentach. Nagle, kiedy człowiekowi wydaje się, że jest zupełnie sam, staje przed nim drugi człowiek, jakby spadł z nieba. Jeszcze przez chwilę podziwiam pierwotne, romantyczne piękno okolicy, a potem wracam do kuchni, do Giuliana, żeby pomóc mu w przygotowaniu kolacji. Lecz ojciec pozwala mi jedynie pokroić kilka ostatnich pomidorów i cebulę do sałatki, resztę przygotowuje sam.

Nagle w ciszy rozbrzmiewają dźwięki włoskiej muzyki operowej. Jasne, czyste tony zaskakują mnie, docierają do moich uszu zupełnie nieoczekiwanie, tak że mimo upału z wrażenia przenika mnie dreszcz. Ta muzyka jest czymś tak niezwykłym w tej odległej, dzikiej okolicy, że czuję, jakby była czymś pozaziemskim, jakby spływała z nieba. Giuliano zauważa moje zdumienie, spogląda z uśmiechem, a potem dołącza do śpiewu – głośno i radośnie. Klaus i Albert, zwabieni przez dźwięki muzyki, zaglądają po chwili do kuchni. Odkrywamy, że źródłem tej czarownej muzyki jest zasilany bateriami słonecznymi odtwarzacz CD!

Po niedługim czasie wszyscy zasiadamy przy stole przed górą pysznego spaghetti z czosnkiem. Do makaronu Giuliano podaje cały garnek pieczonego koziego mięsa, które smakuje po prostu wybornie. Podczas kolacji nasz gospodarz opowiada o swoich najbliższych planach. Przede wszystkim chce, jak tylko zbierze fundusze, zbudować większy kościół. Obecny już wkrótce przestanie wystarczać, sami się o tym przekonamy podczas jutrzejszej mszy. Następne przedsięwzięcie to wytyczenie przyzwoitej drogi stąd bezpośrednio do Barsaloi. Teraz komunikacja jest bardzo utrudniona, przede wszystkim w porze deszczowej, kiedy rzeki są nieprzejezdne – trzeba wtedy robić dalekie objazdy. Jest to duży problem, zwłaszcza w przypadku choroby albo gdy wydarzy się jakiś wypadek.

Kreśląc przed nami swoje plany, ojciec Giuliano co chwila przypomina sobie jakieś wydarzenie sprzed lat, związane z moim życiem z Lketingą. Uzupełniając się wzajemnie, opowiadamy te historie Klausowi i Albertowi. Towarzysz Giuliana, starszy misjonarz, przysłuchuje się z zainteresowaniem, ale nagle wstaje i wychodzi z kuchni. Mówi, że nie chce się spóźnić na wiadomości z Włoch. Patrzymy na niego i nic nie rozumiemy. Giuliano zaraz wyjaśnia, o co chodzi. Codziennie wieczorem, o stałej porze, odbierają tutaj włoską stację radiową.

Nieco później i my wychodzimy na zewnątrz, prosto pod nocne, rozgwieżdżone niebo. Dołączamy do starego misjonarza, który w skupieniu siedzi na krześle z radioodbiornikiem przy uchu. Zajmujemy wolne krzesła, a Giuliano wyciąga metalowy, składany stelaż, coś w rodzaju łóżka polowego. Ustawia go pośrodku, wyciąga się na nim bez skrępowania i pokazuje nam gwiazdy i konstelacje. To cowieczorny rytuał. Obaj misjonarze słuchają wiadomości, a potem rozmawiają albo obserwują gwiazdy. Zwykle po ósmej idą spać.

Słuchając Giuliana, zauważam na leżących naprzeciwko wzgórzach małe, migotliwe ogniki. To pewnie paleniska Samburu w *manyattach*. Od czasu do czasu, niesione wiatrem, dobiegają do naszych uszu ludzkie głosy. Pusto tu, wszystko wokoło tchnie spokojem. Nagle misjonarz zrywa się z łóżka. Nie wytrzymał nawet dziesięciu minut i już leci załatwić jakąś niecierpiącą zwłoki sprawę. Korzystam z okazji i kładę się na łóżku, żeby popatrzeć na gwiazdy. Księżyc jest w pełni, w lisiej czapie, a gwiazdy wiszą tak nisko, że chciałoby się je zrywać. To piękna chwila, czuję bliskość i jedność z naturą, ogarnia mnie uczucie prawdziwej wzniosłości.

Po chwili wraca ojciec Giuliano i pyta ze śmiechem: „Corinne, podoba ci się moje łóżko? Sam je zrobiłem. Jak chcesz, możesz spać na dworze, ja też tak czasem robię".

Oczywiście, że chcę! Wcale nie trzeba mnie do tego namawiać. Od razu idę po moje rzeczy do spania: cienki materac, śpiwór i dwa koce. Na metalowym stelażu moszczę sobie mięciutkie posłanie. Moi towarzysze przypatrują się temu nieco sceptycznie, a Klaus pyta: „Naprawdę chcesz tu spać? Serio? Nie boisz się tego całego robactwa?". Odpowiadam, że nie. To wspaniała okazja, bo ta noc pod gołym niebem wynagrodzi mi to, że nie mogę spędzić, tak jak planowałam, jakiejś nocy w *manyatcie* mamy.

Uzbrojeni w latarkę kieszonkową wszyscy jeszcze raz udajemy się do toalety, a potem każdy maszeruje do swojej „sypialni". Nasi kierowcy wdrapują się na ciężarówkę, Albert i Klaus znikają w swojej „puszcze po konserwach". Ja wskakuję do lekkiego śpiwora, przykrywam się kocami i naciągam na głowę kaptur dresu, bo w nocy z pewnością zrobi się zimno. Jest tak wspaniale, że chce mi się krzyczeć z radości! Mam wrażenie, że oto zawędrowałam na koniec świata – czuję się wolna, lekka i bardzo maleńka wobec wszechświata. Także moje problemy w tej chwili wydają się drobne, w ogóle nieważne. Wpatruję się w niebo i rozpoznaję coraz to nowe konstelacje. Wysoko w górze, za ciemnym pagórkiem ukazuje się nagle migotliwe światełko. To samolot, który na wysokości dziesięciu tysięcy metrów przelatuje nade mną, w drodze do nieznanego mi celu.

Giuliano jeszcze coś robi w kuchni, w końcu i tam gaśnie światło. Słyszę, jak kierowcy rozmawiają szeptem w swoim języku, potem i oni milkną. Jest cicho. Wracam myślami do mojej rodziny w Barsaloi. Zastanawiam się, jak też jutro wypadnie święto pożegnalne, ile osób przyjdzie na uroczystość. Niedługo potem będziemy musieli się rozstać. Odganiam tę myśl od siebie, nie chcę, żeby przytłumiła to wspaniałe uczucie szczęścia, które teraz mną owładnęło.

Słyszę jakieś szelesty i chroboty, ale wcale się tym nie przejmuję, bo przecież moje łoże jest na wysokości jednego metra nad ziemią. Powietrze jest czyste, klarowne. Powoli zaczyna ogarniać mnie senność. W krótkiej modlitwie dziękuję za udany jak dotąd pobyt w Barsaloi i Sererit i zasypiam. Budzę się w środku nocy. Mam zimny nos, koce zsunęły się z łóżka na ziemię, śpi na nich malutki kotek. Naciągam koce i moszczę się wygodnie, a kotek leży teraz koło mnie i mruczy rozkosznie. Z oddali dolatuje ryczenie jakiegoś dzikiego kota. Lew albo lampart – zastanawiam się krótko, ale zaraz znowu zasypiam. Rano dowiaduję się od Giuliana, że to był lampart. W tej okolicy żyje ich jeszcze stosunkowo dużo.

MSZA W GÓRACH NDOTO

Dzisiaj jest nie tylko niedziela, ale i urodziny Alberta. Oczywiście chciał to przed nami zataić, ale mu się nie udało. Zatroszczyłam się o to. Już podczas śniadania śpiewamy mu małą serenadę, silny głos Giuliana góruje nad wszystkimi. Potem misjonarz idzie przygotować się do mszy, a my mamy wolną godzinę. Klaus bierze kamerę i we trójkę maszerujemy drogą, którą wczoraj szły do domu krowy. Po niedługim czasie dochodzimy do wyschniętego koryta rzeki. Przebiegają przez nie malowniczo wyrzeźbione skały. Klaus i ja uznajemy, że to odpowiednie miejsce dla uczczenia urodzin Alberta. Siadamy na skale, wręczam Albertowi prezenty – Klaus wszystko pilnie filmuje. W końcu nie każdy może powiedzieć, że obchodził urodziny w najdalszym zakątku afrykańskiego buszu, w dodatku w wyschniętym korycie rzeki, i został obdarowany upominkami prosto z Bahnhofstrasse w Zurychu! Albert jest naprawdę wzruszony, a my z Klausem cieszymy się, że sprawiliśmy mu radość.

Jak w wielu innych sytuacjach, tak i przy tej małej ceremonii mamy nieproszonych gości – towarzyszą nam mali gapie. Ledwie usiedliśmy, a już, jakby spod ziemi, pojawia się kilkoro dzieci. Stoją w bezpiecznej odległości i z nieporuszonymi twarzami przyglądają się, co robimy. Dopiero po dobrej pół godzinie ich zainteresowanie słabnie i dzieciaki odchodzą powoli w milczeniu.

Wracamy na czas. Akurat zaczynają schodzić się na mszę pierwsze osoby. Niemal wyłącznie są to tradycyjnie ubrane kobiety i dziewczęta. Większość ma przy sobie małe dzieci. Dzieciaki dostają najpierw *utshi*, płynną papkę z kukurydzy, potem razem z matkami zasiadają na misyjnych ławkach. Kościelna *manyatta* wypełnia się ludźmi. Na nasz widok niektórzy zatrzymują się zaniepokojeni, wrażenie robi zwłaszcza Klaus ze swoją kamerą. Inni wcale nie zwracają na nas uwagi. Większość dzieci ubrana jest w skromne czerwone szkolne sukienki, natomiast kobiety są przystrojone i ubrane wyjątkowo pięknie i starannie. Kolorowe *kangi* aż lśnią czystością. Natarte tłuszczem twarze błyszczą, a ogolone głowy ozdabiają kolorowe przepaski z paciorków. Kilka kobiet ma na szyi nawet ozdoby z włosia żyrafy, coraz rzadziej spotykane i zakładane tylko na wielkie święta.

Wygląda na to, że niedziela w kościele to dla tych kobiet prawdziwie świąteczny dzień. Klaszczą i śpiewają z takim zaangażowaniem, z takim przejęciem i radością, że robi mi się ciepło na sercu. Przy akompaniamencie małego bębenka i dwóch tamburynów skleconych z wygiętych wierzbowych gałązek i kapsli od butelek śpiewają tradycyjne afrykańskie pieśni kościelne. Pieśni są rytmiczne i pełne radości. Kilka kobiet śpiewa niemal w transie, kiwają w takt głowami – zupełnie jak podczas tradycyjnych tańców. Śpiew zaczyna zazwyczaj jedna kobieta, silnym, jasnym głosem, potem dołączają do niej inne. Wszystko to trwa i powtarza się, aż w końcu pojawia się ojciec Giuliano z metalową walizeczką. Wyciąga swoje szaty mszalne i wkłada je na cywilne ubranie. Potem przykrywa prosty ołtarz kolorowym płótnem i ustawia na nim kielich z winem i puszkę z hostią. Tymczasem okrągła chata, w której tylko skromny drewniany krzyż i kilka prostych papierowych obrazków z wizerunkami Maryi i Dzieciątka Jezus świadczy o tym, że jest to chrześcijański kościół, do ostatniego miejsca wypełnia się wiernymi. W ostatnich rzędach siedzi nawet kilku starszych mężczyzn, co świadczy o nadzwyczajnych umiejętnościach misjonarza. Bo żeby przyciągnąć do kościoła mężczyznę Samburu, trzeba się naprawdę mocno wysilić. W przerwach między śpiewami ojciec Giuliano opowiada coś w *kisuaheli*, a jakiś Samburu tłumaczy to na *maa*. Pod koniec mszy misjonarz rozdaje komunię, a potem znowu następują śpiewy. Na zakończenie wszyscy podają sobie dłonie. Patrzę na wyraziste twarze kobiet i mam wrażenie, że uczestniczenie we mszy to dla nich nie tylko odmiana, ale i prawdziwa radość. Po nabożeństwie ojciec Giuliano pieczołowicie składa wszystko do metalowej walizeczki. W tym czasie tłumacz podaje starym mężczyznom nieco tytoniu do żucia – na drogę do domu. Na nas ta msza zrobiła naprawdę wielkie wrażenie. Wiem, że to niezwykłe przeżycie jeszcze długo pozostanie żywe w naszej pamięci.

POŻEGNALNE ŚWIĘTO

Najwyższy czas, by wyruszyć do Barsaloi. Giuliano będzie nam towarzyszył spory kawałek, gdyż musi dzisiaj pojechać do Nairobi. Z niepokojem dostrzegamy w oddali na niebie ciemne chmury. To może oznaczać, że rzeka już wkrótce wypełni się wodą i będziemy musieli zrobić daleki objazd. Misjonarz jest błyskawicznie gotowy do wyjazdu – jak prawdziwy Samburu nie musi dokonywać większych przygotowań, aby wyruszyć w drogę. Kiedy dojeżdżamy do rzeki, widzimy, że piasek na brzegach jest ciemny. To oznacza, że poziom wody pod ziemią już się podniósł. Postanawiamy pojechać naokoło. Potem okaże się to rozsądną decyzją.

Po dłuższej jeździe docieramy do okręgu granicznego Baragoi – głównej miejscowości plemienia Turkana. Mimowolnie myślę o konflikcie sprzed paru lat. To stąd Turkana najechali na tereny Samburu. Skręcamy w bok tuż przed Baragoi i nagle rozpoczyna się gwałtowna ulewa. Leje jak z cebra. Prawie nie widać drogi, po której toczy się masa spienionej, brunatnej wody. Na szczęście to dopiero początek pory deszczowej. Ziemia jest jeszcze bardzo sucha i nie rozmięka od razu, da się normalnie jechać. Mam nadzieję, że w Barsaloi jeszcze nie pada, bo jeśli tak, trudno będzie utrzymać ogniska potrzebne na nasze święto. Giuliano uspokaja mnie, ale mówi, że filmowców to pewnie trochę zmoczy.

Jedziemy jeszcze jakiś czas po mokrej drodze, a potem mijamy miejsce, gdzie przed laty utknęliśmy we troje, Lketinga, Napirai i ja, z powodu awarii akumulatora. Lketinga musiał wtedy wrócić do misji, kilka godzin marszu, żeby poprosić ojca Giuliana o pomoc. A ja siedziałam tutaj przez cztery godziny, sama z malutką Napirai, na tym upiornym skwarze. Jedyną rozrywką były stada zebr i strusie, przechodzące obok. Kiedy przypominam Giulianowi tamtą przygodę, misjonarz śmieje się i mówi: „No tak, Corinne, nie raz ratowałem cię z opałów".

Wkrótce dojeżdżamy do Barsaloi. Z ulgą stwierdzam, że co prawda niebo jest zachmurzone, lecz nie pada. Ale misjonarz musi się pośpieszyć, jeśli chce zdążyć przejechać niebezpieczną Wamba River. Umawiamy się jeszcze na pożegnalną kolację w Nairobi, żegnamy serdecznie i Giuliano już pędzi w kierunku Wamby.

★ ★ ★

Zajeżdżamy na teren misji. Nasi kierowcy zabierają się do rozbijania obozu i namiotów na noc. A my idziemy do *kraalu* – czekają tam już na nas liczni goście. James wychodzi nam naprzeciwko i mówi z wyraźną ulgą w głosie: „Bogu dzięki, nareszcie jesteście! Ugotowaliśmy masę jedzenia. Pierwsi goście przyszli już przed południem, wszyscy są porządnie głodni. Ale powiedziałem, że poczęstunek rozpocznie się dopiero, jak wy wrócicie". Pytam o Lketingę i dowiaduję się, że bardzo się starał i mocno przyłożył do przygotowania święta. Razem ze starszym bratem zabili cztery kozy i porozdzielali mięso do gotowania na kilka chat. Wchodzimy do *kraalu*. To, co widzę, trochę mnie zaskakuje. Nie spodziewałam się aż takiej masy gości. Ze wszystkich stron podchodzą do mnie ludzie i pozdrawiają zwykłym: *Supa, mama Napirai, seran a ge?* Ściskam wyciągnięte dłonie, od czasu do czasu ktoś mnie opluwa na szczęście. Większość gości znam przynajmniej z widzenia. Przy samej tylko chacie mamy zebrało się około trzydziestu kobiet, czekają cierpliwie na rozpoczęcie święta. Z mamą mogę się tym razem powitać tylko uściskiem dłoni, inaczej nie wypada. Z radością zauważam, że włożyła nową, kolorową kwiecistą spódnicę ode mnie. Siedzi obok córki przed *manyattą* i wygląda na bardzo zadowoloną.

James mówi, że czas rozpocząć poczęstunek. Wkrótce wrócą do domu zwierzęta i kobiety będą miały pełne ręce roboty. Mimo to, zgodnie z tradycją to nie one dostaną jedzenie jako pierwsze – najpierw muszą się najeść mężczyźni. Trochę nam głupio, bo wszystko jest od dawna przygotowane i czekano tylko na nas.

Lketinga ma na sobie nową czerwoną koszulę. Bierze mnie za rękę, prowadzi do bocznego pomieszczenia w domu Jamesa i pokazuje ogromne michy, pełne gotowanego ryżu, fasoli, mięsa. Masa jedzenia! Jestem pod wrażeniem. Porządnie się napracowali – wygląda to na ucztę dla ponad setki osób! Jedzenia strzeże tata Saguny. Stoi w drzwiach, przed którymi ustawiła się długa kolejka mężczyzn z miskami w ręku. Lketinga zamienia z bratem kilka słów i zaczyna się poczęstunek. Brat Lketingi znakomicie sobie radzi z wydawaniem jedzenia – robi to z wielką powagą i spokojem. Tymczasem Lketinga opowiada mi o przygotowaniach i pracy, jaką włożyli w to, aby nasi goście byli zadowoleni ze święta. Jestem pełna podziwu dla znakomitej organizacji – naprawdę się postarali i wszystko przebiega znakomicie!

Lecz my, Europejczycy, czujemy się trochę zagubieni. Bo jednak ta uroczystość bardziej przypomina wydawanie jedzenia przez organizację charytatywną niż prawdziwe święto, jakie pamiętam z dawnych czasów tutaj. Wtedy mieszkaliśmy poza wsią, i wszystkie nasze uroczystości odbywały się na otwartej przestrzeni, na sawannie. Nasi goście malowniczo porozsiadani na ziemi, pod gołym niebem, spożywali przygotowane na poczęstunek jedzenie. A gdy wszyscy byli już syci, rozpoczynały się tańce przy akompaniamencie rytmicznych śpiewów. Wszystkie grupy wiekowe po kolei. Pamiętam tę wspaniałą atmosferę. To były piękne uroczystości, pełne tajemniczego, magicznego uroku.

Dzisiaj moja rodzina mieszka w *kraalu* w obrębie wsi. Jedzenie podaje się w zamkniętym pomieszczeniu, a i tańców pewnie nie będzie. Może przyczyna jest po prostu taka, że tym razem nie jest to święto z okazji ślubu, narodzin lub innego radosnego wydarzenia, tylko uroczystość pożegnalna.

Wracam do chaty mamy i siadam na ziemi między nią a jej córką. Mama z poważną miną huśta na kolanach Saruni. Coraz to zagadują do mnie kolejne kobiety, które dołączają do gości. Jedne pytają, czy wróciłam do Lketingi, inne wypytują o Napirai. Mówią, że powinnam ją tutaj przywieźć i zostać w Barsaloi, razem z córką i mężem. Oczywiście nie zamierzam wyjaśniać tym kobietom, serdecznym i pełnym życzliwości, że Napirai z pewnością nie byłaby zachwycona takim życiem. Została przecież wychowana w Szwajcarii, w kulturze białych. Mówię tylko, że następnym razem Napirai pewnie przyjedzie tutaj ze mną, aby poznać swoje afrykańskie korzenie.

Kobiety czekają cierpliwie na swoją kolej. Nie wyglądają na niezadowolone, przeciwnie – większość jest pogodna i radosna. Nadchodzi James i częstuje wszystkie tytoniem. Ja też wyciągam rękę. Kiedy wkładam gorzkie liście do ust, mama energicznie daje mi do zrozumienia, że mam natychmiast wszystko wypluć. Nie rozumiem, skąd to nagłe poruszenie i zdenerwowanie, przecież niemal wszyscy tutaj żują tytoń. James wyjaśnia mi, że będę miała potem problemy żołądkowe. No i jestem za młoda – tytoń żują tylko stare kobiety. Co prawda, nie rozumiem związku, ale posłusznie wypluwam wszystko na ziemię. Kilka kobiet śmieje się i klaszcze w dłonie, inne ciągle jeszcze spoglądają na mnie z ponurą miną. Później, w Wambie, zupełnie przypadkiem dowiem się czegoś więcej na temat tego tytoniu.

Wśród obecnych jest pewna kobieta, która w szczególny sposób przyciąga moją uwagę. Jestem pewna, że nie znam jej z wcześniejszych czasów. Jej gładko wygolona głowa nienaturalnie silnie błyszczy w słońcu. Kobieta ma szeroko rozstawione oczy, między brwiami wyraźnie rysują się dwie głębokie, pionowe zmarszczki. Wargi są boleśnie zaciśnięte, ciągle nimi porusza. Ona też podaje mi dłoń, jakby mnie już dawno znała. I pyta o Napirai. Kiedy na mnie patrzy, w jej oczach rozbłyskują jakby iskry gniewu. Ta kobieta roztacza atmosferę zagrożenia i niepokoju. Jest w niej coś niesamowitego. Wcale mi się to nie podoba, dlatego wstaję i idę do domu Jamesa. Chcę zobaczyć, ile jeszcze potrwa, zanim wreszcie i kobiety będą mogły napełnić swoje talerze. Po drodze dostrzegam za domem mamy młodziutką żonę Lketingi wraz z dwiema innymi dziewczętami. Popatruje na mnie z widocznym zaciekawieniem. Zastanawiam się, co też ona sobie myśli.

Tymczasem kolejka mężczyzn, czekających na jedzenie, wyraźnie się zmniejszyła. Lketinga ciągle jeszcze wszystkiego dogląda, bacznie obserwuje mężczyzn. James prosi mnie do domu, żebyśmy i my wreszcie coś zjedli. Ale ja chcę jeść dopiero wtedy, gdy poczęstunek dostaną przybyłe kobiety. Widzę, że niektórzy mężczyźni już po raz drugi ustawili się w kolejce. Nieco poirytowana pytam Jamesa, kiedy wreszcie posiłek dostaną kobiety i dzieci. Przecież czekają już tutaj z pustymi talerzami w dłoniach ponad godzinę i raz po raz zaglądają do środka. James odpowiada spokojnie: „Kobiety dostaną jeść dopiero, jak najedzą się wszyscy mężczyźni". Ogarnia mnie złość, bo przecież już niedługo wrócą kozy i kobiety nie będą miały czasu na jedzenie. Podchodzę do Lketingi i próbuję u niego wzbudzić odrobinę współczucia dla kobiet. *„Pole, pole,* spokojnie, spokojnie – uspokaja mnie Lketinga – zaraz nakarmimy ostatnich mężczyzn". Idzie do starszego brata i coś tam z nim szepce.

Wiem, że bardzo się starają, ale jestem kobietą i chciałabym, żeby dano już coś do jedzenia właśnie kobietom i dzieciom. Zaglądam do pomieszczenia jadalnego i widzę trzech mężczyzn posilających się z prawdziwą rozkoszą. Na wybetonowanej podłodze walają się ogryzione kości. Z ulgą stwierdzam, że w miskach zostało jeszcze dużo strawy. Wreszcie ostatni gość płci męskiej opuszcza pomieszczenie i Lketinga woła coś do kobiet. Barwna kolumna rusza z miejsca i podchodzi do domu. Kobiety nieśpiesznie stają w kolejce i czekają cierpliwie. Potem, z napełnionymi miskami i talerzami ustawiają się wokoło kurnika i jedzą na stojąco. Od czasu do czasu podają też jedzenie dzieciom, które trzymają w chustach na plecach.

Ale najpierw same żują przeznaczone dla dzieci kawałki i dopiero takie rozmiękczone jedzenie wsuwają zgłodniałym maluchom do buźki. Ja też tak robiłam, gdy mieszkałam tutaj z malutką Napirai. Nie ma tu przecież specjalnego pożywienia dla dzieci.

Stoję, przyglądam się i zauważam, że jak tylko jakieś dziecko stanie w kolejce, to natychmiast się je przegania. Pytam Jamesa, dlaczego. Odpowiada mi, że jedzenie dla dzieci biorą matki. „Dzieci muszą poczekać – dodaje – aby nie było tak, iż jedna rodzina dostanie podwójne porcje, a inni odejdą z niczym".

Przechadzam się po *kraalu* i wszędzie widzę uśmiechnięte twarze. Goście są naprawdę zadowoleni. Nagle podchodzi do mnie właściciel hotelu, człowiek, który poprzednio pokazał mi żonę Lketingi. Mówi, że nasze święto to sukces, bo przyszło dużo ludzi, zwłaszcza starych. Jest nawet powszechnie poważana kobieta, która trudni się obrzezaniem dziewcząt. Jej przybycie to dla gospodarzy wielki zaszczyt. Mężczyzna wskazuje kobietę, która przed *manyattą* mamy zrobiła na mnie niemiłe wrażenie. To ona tak strasznie okalecza dziewczęta – bo tak chce tradycja. Teraz rozumiem, dlaczego było mi nieprzyjemnie. Na myśl, że taka właśnie kobieta mogłaby okaleczyć również moją córkę, czuję zimny dreszcz.

Kiedy do domu wracają kozy, w kolejce ciągle jeszcze stoi wiele kobiet i dziewcząt. *Kraal* wypełnia się zwierzętami, robi się tłoczno i trochę niespokojnie. Kilka kobiet i dziewcząt z pełnymi talerzami biegnie do domów – do swojej roboty. Ja też chcę już iść do Jamesa, żeby wreszcie coś zjeść, ale w tym momencie znowu staje przede mną mój „informator". Mówi, że koniecznie chce się ze mną przywitać żona Lketingi. Idę za nim bardzo zaciekawiona.

Żona Lketingi stoi z dwiema dziewczętami za swoją na wpół ukończoną *manyattą*. Wyciągam do niej rękę i pozdrawiam tradycyjnym: *Supa*. Dziewczyna chichocze niepewnie i do połowy zasłania twarz dłonią. Mężczyzna zamienia z nią kilka słów, a wtedy ona nieśmiało podaje mi rękę. Jestem prawdopodobnie pierwszym białym człowiekiem, jakiego dotyka. Jej pełna twarz wygląda jeszcze bardzo dziecinnie. Witam się także z pozostałymi dziewczętami, które także są już zamężne.

Robi to na mnie duże wrażenie. Jestem wstrząśnięta. Jedna z dziewczynek jest przynajmniej o głowę niższa niż żona Lketingi i wygląda, jakby nie miała jeszcze dwunastu lat. Mówię o moich wrażeniach hotelarzowi, a on, śmiejąc się, odpowiada: „Tak, wiem, że to szaleństwo, lecz ona naprawdę należy do tamtego mężczyzny!" – i wskazuje głową w stronę stojącej opodal grupy. Ale zanim zdążyłam rozpoznać, który to mężczyzna, podchodzi do nas wyraźnie zły Lketinga. Nie wiem, co mu się nagle stało i o co chodzi. Lketinga mówi coś podniesionym głosem do swojej młodej żony – dziewczyna natychmiast potulnie odchodzi. Próbuję uspokoić mojego byłego męża, mówiąc, jak bardzo się cieszę, że mogłam poznać jego żonę. Lketinga nie słucha, tylko z naciskiem zwraca mi uwagę, żebym więcej z nią nie rozmawiała, bo to nie wypada.

Poirytowana idę do domu Jamesa. Jego żona jak zwykle stoi z boku, a Saruni nie odstępuje ojca na krok. Ale nie widzę małego Alberta. Kiedy o niego pytam, James przykłada palec do ust i pyta: „Słyszycie dzwoneczek?". Nasłuchujemy i rzeczywiście po chwili docierają do nas delikatne dźwięki – to mały Albert bawi się po ciemku na dworze. Wybuchamy śmiechem, a James wyjaśnia, że na takie okazje zakładają chłopcu na nogę mały dzwoneczek, aby było go łatwiej znaleźć.

Stefania przynosi wielki garnek z mięsem, do którego jest jeszcze ryż z fasolą. Stawia wszystko na stole. Częstujemy się, a James pokazuje nam co smakowitsze kawałki. Z apetytem obgryzamy mięso z kostek.

Nieco później dołącza do nas tata Saguny i nakłada sobie pełny talerz. Brat Lketingi nigdy nie siada na krześle – przykuca i opiera plecy o ścianę. Zwykle jest bardzo cichy i spokojny, ale gdy już zacznie mówić, bardzo się ożywia. Teraz też coś opowiada, chyba o przygotowaniach do naszej uroczystości. Na koniec, jakby dla podkreślenia i potwierdzenia swoich słów, pluje na podłogę. Wszyscy po kolei opowiadają coś wesołego i robi się naprawdę przyjemnie. Klaus i Albert po zjedzeniu kilku kawałków mięsa oświadczają, że mają dość. James i jego brat nie posiadają się ze zdumienia i kwitują to salwą śmiechu.

Opowiadamy o wizycie u ojca Giuliana. W pewnej chwili przypominam sobie o moim małym magnetofonie. Przecież podczas mszy nagrałam piękne śpiewy kobiet. Włączam odtwarzacz i wszyscy słuchają z wielkim zaciekawieniem.

Mała Saruni budzi się i podbiega do mnie. Zachwycona przyciska magnetofon do ucha i zaczyna ruszać się w takt muzyki. Udaje się jej skusić nawet nieśmiałego braciszka, małego Alberta, który w końcu podchodzi i pozwala przysunąć sobie odtwarzacz do ucha. Oczy chłopczyka robią się coraz większe i jeszcze bardziej okrągłe, a my wszyscy przyglądamy się dzieciom rozbawieni.

Tylko Lketinga jest poważny, prawie się nie odzywa. Wydaje mi się, że myśli o pożegnaniu, gdyż patrzy na mnie intensywnie i w skupieniu. Nagle pyta: „O której jutro jedziecie?". Odpowiadam, że po spakowaniu wszystkiego. Potem pójdziemy jeszcze do misji, pożegnać się z ojcem misjonarzem. „A później przyjdziemy do *kraalu* i wypijemy z mamą *chai*" – mówię. Lketinga potakuje – to dobrze, bo mama chciałaby nas pobłogosławić i powiedzieć nam *enkai* na drogę. „A ja będę wam towarzyszył do Maralalu" – dodaje. Jestem mile zaskoczona i bardzo się cieszę. Dzięki temu pożegnanie będzie łatwiejsze, bo nie ze wszystkimi naraz.

Tymczasem Stefania razem z dziećmi poszła już do sypialni. My także wkrótce się żegnamy i wracamy do misji – wszyscy są zmęczeni po tym wyczerpującym dniu. Lketinga odprowadza nas do bramy i życzy dobrej nocy.

Jak co wieczór zasiadamy jeszcze na parę minut na kempingowych krzesełkach i dzielimy się wrażeniami. Wszyscy troje uważamy, że naszemu pożegnalnemu świętu zabrakło świątecznej atmosfery. Ale wydaje się, że goście byli naprawdę zadowoleni. Tak przynajmniej nas zapewniano.

Potem omawiamy plan dalszej podróży. Albert musi pojechać bo Nairobi, ponieważ stamtąd ma samolot do kraju. Ja natomiast chciałabym zostać w Kenii jeszcze tydzień. Wydaje się, że nie ma sensu wracać na plan filmu, a ponadto właśnie rozpoczyna się pora deszczowa. Postanawiamy zatem następnego dnia wyruszyć do Nairobi. Chciałabym jeszcze odwiedzić szpital w Wambie. Koniecznie. Byłam tam kilka razy, kiedy moje życie wisiało dosłownie na włosku, i właśnie w tym szpitalu mnie ratowano. Tam też urodziłam Napirai. Moja córka to pierwsze dziecko mieszanej krwi, jakie przyszło na świat w Wambie. Chciałabym przywieźć jej stamtąd kilka fotografii. Albert i Klaus doskonale to rozumieją i chętnie przystają na mój plan. Obmyślamy więc trasę do Nairobi przez Wambę.

Nocny taniec

Jeszcze nie zakończyliśmy narady, gdy do naszych uszu docierają odgłosy śpiewu i klaskania. Najpierw ciche, potem coraz głośniejsze. To brzmi jak taniec wojowników, a w dodatku głosy dobiegają z niedaleka. Moje zmęczenie znika jak ręką odjął. Rzucam, że może by tak poszukać tańczących. Warto, aby Albert i Klaus zobaczyli taki taniec. Owijam się ciemnym kocem, żeby nie zmarznąć, ale i po to, żeby mnie od razu nie dostrzeżono. Nie chcemy przeszkadzać tańczącym. W ciemności docieramy do bramy misji i czeka nas tu niemiła niespodzianka – brama jest zamknięta! Nie wiedzieliśmy o tym, że na noc zawsze ją zamykają. Jestem rozczarowana i chcę wracać do namiotów, ale w Albercie najwyraźniej budzi się duch wojownika, bo mimo późnej pory puka do drzwi misji.

Specjalnie dla nas otwierają bramę, żebyśmy mogli obejrzeć taniec wojowników. Przed laty wielokrotnie miałam okazję oglądać takie ceremonie. Za każdym razem byłam oczarowana, patrząc, jak piękni, szczupli i gibcy wojownicy wyskakują wysoko w górę, jak przy akompaniamencie śpiewów i klaskania wybijają rytm nogami.

Idziemy przez oświetloną księżycem wioskę w kierunku, z którego dobiega śpiew. Po kilku minutach dochodzimy do płaskiego, pustego placu, na którym zebrała się niewielka grupa ludzi. Żeby nas nie zauważono, siadamy pod akacją – nie chcemy być intruzami. Tańczących jest niewielu. Towarzyszy im kilka dziewcząt.

Szybko się orientuję, że to nie wojownicy, lecz nieobrzezani jeszcze młodzi chłopcy. No tak, z tego mogą jutro wyniknąć problemy, bo nie wypada, abym ja, „mężatka", żona byłego wojownika, przyglądała się tańcom nieobrzezanych chłopców. Ale jestem tak oczarowana tym pięknym widokiem, że nie mogę ruszyć się z miejsca. Klaus i Albert także patrzą jak urzeczeni na wspaniałe przedstawienie.

Przypominają mi się dawne czasy, kiedy Lketinga był jeszcze silnym, pięknym wojownikiem. On, najwyższy spośród wszystkich, zwykle wyskakiwał w tańcu najwyżej. Jego wspaniałe, długie czerwone włosy fruwały w powietrzu. Po kilkugodzinnym tańcu wojownicy wyglądali dziko i nieprzystępnie. Zdarzało się, że niektórzy wpadali w rodzaj transu. Tym chłopcom tutaj daleko do takiego stanu, dopiero zaczęli taniec.

Niestety, zgromadzeni już wkrótce nas zauważają, kilka razy słyszymy słowo *mzungu*. Parę osób podchodzi do nas i wita się, inni tańczą dalej, jeszcze inni odchodzą. Nie chcemy dłużej przeszkadzać i opuszczamy miejsce tańca. Chociaż patrzyliśmy na to niezwykłe widowisko tak krótko, był to piękny akcent na zakończenie dnia.

Kiedy niedługo potem kładę się w moim namiocie, uświadamiam sobie z całą wyrazistością, że to moja ostatnia noc tutaj. Długo nie mogę zasnąć i nawet trochę płaczę. Mam tylko nadzieję, że nie popłaczę się jutro, przy pożegnaniu.

POŻEGNANIE

Następnego ranka nasi kierowcy zwijają obóz i wszystko pakują, my natomiast siedzimy jeszcze przez jakiś czas z ojcem misjonarzem w budynku misyjnym. Ksiądz pokazuje nam ozdoby, które miejscowe kobiety wyrabiają w ramach przedsięwzięcia kierowanego przez niego i Jamesa. Dzięki temu, że kobiety za pieniądze uzyskane ze sprzedaży swoich wyrobów mogą chociaż w części wyżywić rodziny, ojciec misjonarz środki z darów może przeznaczać dla najbardziej potrzebujących w Barsaloi albo też na specjalne cele. Na przykład na tworzenie nowych ujęć wody. Wszyscy na tym korzystają. Miło wiedzieć, że pieniądze nie są marnowane i trafiają w odpowiednie ręce. Na pożegnanie misjonarz podkreśla, że będziemy w każdej chwili mile widzianymi gośćmi. Prosi też, aby poinformować go o wejściu filmu na ekrany, gdyż ludzie tutaj z pewnością będą nim zainteresowani. Obiecujemy kontaktować się z nim i wspierać w przedsięwzięciach na rzecz miejscowej ludności. Jeszcze raz dziękujemy za gościnę, serdecznie ściskamy sobie ręce na pożegnanie i opuszczamy misję.

W *kraalu* Lketinga czeka gotowy do drogi przed *manyattą* mamy. Wślizgujemy się do chaty, James siada obok mnie – będzie tłumaczył moje słowa mamie. Chcę z nią przez chwilę porozmawiać, nie wiem przecież, kiedy i czy w ogóle jeszcze się zobaczymy. Rozmawiamy o wspólnych przeżyciach z czasów, kiedy tu mieszkałam – każdy coś sobie przypomina. Wspominam pamiętny wielki deszcz, kiedy mama stała przy *manyatcie* i usiłowała ją przytrzymać, żeby woda nie porwała chaty i całego naszego dobytku. James tłumaczy, a mama śmieje się cicho. Lketinga dodaje, że doskonale przypomina sobie tę powódź, i jak uratował dwoje małych dzieci. Każde z nas dorzuca coś od siebie, opowiada o jakimś zdarzeniu.

Na koniec James mówi, że teraz mama chciałaby pobłogosławić nas przed podróżą, żeby nic złego nie przydarzyło się w drodze. Mama, jako najstarsza osoba w rodzinie, wstaje każdego dnia najwcześniej i błogosławi cały *kraal*, każde dziecko z osobna. Błogosławi nawet kozy, żeby wszystkie zdrowo wróciły do domu. Potem znowu się kładzie i wstaje razem z innymi. Kiedy dzieciaki wychodzą ze zwierzętami z *kraalu*, mama błogosławi je po raz drugi. To bardzo ważne, od tego zależy pomyślność dnia.

James skończył i teraz mówi mama – patrzy na mnie i przemawia silnym i pełnym serdecznego ciepła tonem: „Będę się za ciebie zawsze modliła, żebyś dożyła tego wieku, co ja. Za Napirai też. Powiedz jej, że ją kocham i że moja miłość jest wielka. Dbaj o nią i przekaż jej pozdrowienia od babci".

Staram się zapamiętać każde słowo mamy i znowu muszę walczyć ze łzami, które napływają do oczu. Ogromnie wzruszona proszę Jamesa, żeby powiedział mamie, jak bardzo się cieszę z tych odwiedzin i że cała wizyta tutaj, to spotkanie ze wszystkimi, było dla mnie cudownym przeżyciem. Mówię, że chcę tu przyjechać z Napirai. Jak Bóg da, mama będzie jeszcze wtedy żyła. Rozmawiając, przez cały czas trzymamy się za ręce. Dzieli nas tylko palenisko. Coraz trudniej mi mówić, ze wzruszenia mam ściśnięte gardło. Czuję, jak oczy napełniają się łzami, ocieram je ukradkiem. Nie chcę niepokoić mamy tym moim popłakiwaniem.

Mama dziękuje i serdecznie ściska mnie za rękę. Zauważa, że walczę ze łzami i mówi: „Napij się herbaty, to pomaga". Z wdzięcznością przyjmuję filiżankę, którą mi podaje. Ale nie mogę powstrzymać się od płaczu. Ponownie proszę Jamesa, żeby powiedział mamie, że moje łzy to oznaka wielkiego przywiązania do niej.

Na koniec James przekazuje mojej teściowej pożegnalne słowa od Alberta i Klausa. Ja zaś nieprzerwanie na nią patrzę. Mama, jak zwykle, piastuje w ramionach niemowlę. Przez szczeliny w dachu wpadają promienie słoneczne, oświetlając jej głowę. Z rozproszonym światłem słońca miesza się dym z paleniska –

poświata obejmuje postać mamy, nadając jej niemal mistyczną aurę. Od tej starej kobiety bije wielka godność i majestat – moja teściowa to wspaniała, niezwykła osobowość. Mam nadzieję, że uda mi się przywieźć tu Napirai i moja córka zdąży jeszcze zobaczyć swoją afrykańską babcię. To mama spaja całą rodzinę, żyją w niej stare tradycje. Ma w sobie coś, co wzbudza głęboki szacunek w każdym, kto się z nią zetknie. Wszyscy jesteśmy bardzo poruszeni.

Pożegnalna wizyta u mamy trwa ponad godzinę. Wychodzimy z *manyatty*, w której zrobiło się bardzo gorąco. W *kraalu* zebrało się już kilka kobiet i dzieci. Chcą się z nami pożegnać. Wzruszenie ściska mnie za gardło, najchętniej rozpłakałabym się na głos. Klaus robi zdjęcia dzieciakom, a one, popiskując z radości, oglądają swoje podobizny. To już ostatnie migawki z *kraalu*.

Podchodzę do mamy i siostry Lketingi i staję między nimi. Obie spoglądają na mnie poważnie. Siostra Lketingi co chwila przytula głowę do mojego ramienia – wyraźnie czuję, że i ona próbuje ukryć wzruszenie. Mama ma na sobie kwiecistą spódnicę, na ramiona narzuciła nową, niebieską chustę. Z godnością opiera się na swojej długiej lasce. James, jak zwykle tryskający energią, zagaduje dowcipnie, stara się nas trochę rozweselić. Potem rozpoczyna się ceremonia błogosławieństwa. My, Europejczycy, stajemy między Jamesem i Lketingą, a mama z zamkniętymi oczami zaczyna głośną modlitwę. Po każdym zdaniu odpowiadamy: *Enkai*. Wszyscy jesteśmy wzruszeni. Po skończeniu modlitwy po raz ostatni obejmuję mamę, niemo patrzę jej w oczy. Ona na krótką chwilę przyciska do mnie głowę i mówi: „*Lesere, lesere* – do widzenia".

Teraz żegnamy się z Jamesem, Stefanią, dziećmi i siostrą Lketingi. Nieco dalej dostrzegam młodą żonę mojego byłego męża. Nasze spojrzenia się spotykają. Odnoszę wrażenie, że chce mi coś powiedzieć. Ale co – nie wiem. Mam nadzieję, że ta młoda dziewczyna zazna chociaż trochę przyjemnych chwil w małżeństwie z Lketingą. Może dzięki mojej wizycie, dzięki temu, że tyle się razem śmialiśmy, Lketinga stanie się milszy i dla niej. Kto wie?

James przekazuje pozdrowienia dla mojej matki, jej męża Hanspetera i całej rodziny. Szczególnie gorąco mam oczywiście uściskać Napirai.

Idziemy do samochodów i podczas tej krótkiej drogi ściskam wyciągnięte ręce, zewsząd słyszę pożegnalne słowa: *Lesere, mama Napirai, lesere!*

Powoli wyjeżdżamy ze wsi, po obu stronach drogi stoją ludzie i machają na pożegnanie. Robi mi się straszliwie smutno. Jak dobrze, że jedzie z nami Lketinga i jeszcze przez jakiś czas będę blisko niego. Ta wizyta była dla mnie jak podróż w czasie, jakbym wróciła do mojego minionego życia – zajrzała przez okno w przeszłość. I nawet jeśli to czy owo zmieniło się tutaj, w Barsaloi, to przecież wiele rzeczy pozostało takimi, jakimi je zapamiętałam z młodości. Nie odczułam dystansu, oddalenia od tutejszych ludzi. Przeciwnie – ten powrót był jak przyjazd do domu. Moja afrykańska rodzina, a także mieszkańcy wsi przyjęli mnie jak córkę dawno uznaną za utraconą. I właśnie dlatego tak trudno mi teraz stąd wyjeżdżać.

Jedziemy w milczeniu. Lketinga patrzy przed siebie, wygląda dzisiaj jakby starzej, jakiś taki zapadnięty w sobie. Niepokoi mnie to, ale zaraz przypominam sobie, że kilka dni temu mówił po cichu do Alberta: *Albert, I have really changed my life, I'm happy now.*

Dojeżdżamy do Opiroi. Nagle Lketinga pokazuje grupę kobiet i dzieci: „Patrz, tam jest mama Nataszy, chcesz się z nią przywitać?" – pyta. Oczywiście, że chcę! Dawniej odwiedzałyśmy się nawzajem i podczas jednej z tych wizyt nadałam imię jej córce. Mężem mamy Nataszy jest brat przyrodni Lketingi. Jego także chętnie bym zobaczyła. Pamiętam, że potrafiliśmy się śmiać całymi godzinami. Świat białych był temu mężczyźnie całkowicie obcy. Zapałki czy zapalniczka były dla niego prawdziwymi cudami, mówił, że to „płonące ręce". Nigdy nie pił coca-coli. Już sam ciemny kolor napoju był dla niego podejrzany. A kiedy wreszcie raz ośmielił się spróbować coli, musujący płyn na języku tak go przestraszył, że od razu wszystko wypluł.

Mama Nataszy podchodzi do mnie. Ma na ręku małe dziecko.

Supa, mama Napirai! – woła. Obejmuję ją, ściskamy się z niekłamaną radością. Już wcześniej dowiedziała się od córki o moim pobycie tutaj. Pytam ją o męża, ale okazuje się, że go nie ma – jest na sawannie ze stadem krów. Mama Nataszy od razu pyta o Napirai. Pokazuję jej, jaka duża jest moja córka i mówię, że chodzi do szkoły. Wtedy ona ze śmiechem podaje mi malucha, którego trzyma na rękach i mówi: „Weź tego chłopaczka i poślij go do szkoły!". Wszyscy się śmieją. Lketinga tłumaczy, że mama Nataszy ma już siedmioro dzieci, całej rodzinie dobrze się powodzi. Ta kobieta jest szczęśliwa, jej mąż zawsze sprawiał na mnie wrażenie dobrego, poczciwego człowieka, nigdy też nie wziął sobie drugiej żony.

Razem z mamą Nataszy stoi jeszcze kilka kobiet. Wszystkie mają w *kangach* na plecach małe dzieci. Jedna z nich ma na sobie tradycyjną, garbowaną skórę krowią. Jakichś dwóch starszych mężczyzn pozdrawia mnie serdecznie. Twierdzą, że pamiętają mnie z dawnych czasów i pytają, czy ich poznaję. Nie chcę sprawiać im przykrości i potakująco kiwam głową. Plują mi na szczęście na ręce. Przed odjazdem wyciągam z torby podróżnej moje dwie ulubione *kangi* i daję je mamie Nataszy. Zaskoczona i uradowana dziękuje mi serdecznie. A ja jestem zadowolona, że na koniec spotkałam jeszcze jedną starą znajomą, której w dodatku najwyraźniej dobrze się powodzi.

Droga prowadzi nas znowu obok na wpół ukończonego kościoła-termitiery, potem wjeżdżamy na gęściej zadrzewiony teren. Strasznie trzęsie i zarzuca na wybojach. Gdy tylko zacznie tu padać deszcz, droga zamieni się w grzęzawisko i będzie zupełnie nieprzejezdna.

Przed Maralalem robimy króciutką przerwę, bo z oddali widać już deszcz, zrobiło się wyraźnie chłodniej. Lketinga nagrywa na mój mały magnetofon kilka słów dla Napirai. Ledwie skończył ostatnie zdanie, a już zaczęła się ulewa. Prawdziwy potop. Szybko wskakujemy do samochodu i pędzimy do Maralalu, zanim droga stanie się jednym wielkim bajorem. Deszcz siecze po szybach, a woda szumi pod kołami. Mijamy zwierzęta, które stoją bez ruchu w strumieniach deszczu. Ludzie zaś szukają schronienia pod drzewami. Nasi kierowcy muszą ostrożnie objeżdżać wypełnione wodą dziury i doły – w tej brunatnej brei nie da się ocenić ich głębokości.

W Maralalu chcemy zjeść coś razem z Lketingą, w jakimś miejscowym lokalu. Proponuję somalijską restaurację, gdyż łączą się z nią miłe wspomnienia.

Wtedy, przed laty, kiedy po raz pierwszy zachorowałam na malarię, przez cztery tygodnie prawie nic nie jadłam – mój organizm niczego nie przyjmował. Byłam bliska śmierci z wyczerpania. Lekarze ze szpitala w Maralalu nie potrafili mi pomóc, a ja byłam zbyt słaba, żeby dotrzeć do lepiej wyposażonego ośrodka w Wambie. Lketinga i moja ówczesna przyjaciółka, Jutta, zabrali mnie ze szpitala i zaciągnęli – w całym tego słowa znaczeniu – do tej restauracji. To była ich ostatnia nadzieja. I rzeczywiście się udało. Podano mi gotowaną wątrobę z cebulą i pomidorami. Jadłam powoli, ostrożnie żułam małe kawałeczki. I to właśnie było pierwsze jedzenie, jakie mój organizm przyswoił. I pierwszy krok do wyzdrowienia.

Parkujemy przed restauracją. Wchodzimy do środka. Jestem zdumiona zmianami, jakie tu zaszły. Lokal jest teraz znacznie większy, panuje tu wielki ruch. Lketinga nasuwa na głowę kaptur od kurtki – dawniej też tak robił, jak nie chciał, żeby go rozpoznano. Pyta, co mam ochotę zjeść i przekazuje moje zamówienie. Niestety, nie ma już wątróbki. Wobec tego proszę o kozie mięso z ziemniakami i słodką herbatę *chai*. Lketinga bierze tylko placki i też *chai* do picia.

Ciągle mnie zadziwia, jak niewielką ilością jedzenia potrafi się zadowolić Lketinga. Teraz jest wyraźnie niespokojny, jego spojrzenie błądzi tu i tam. W takim miejscu nie jest łatwo znaleźć odpowiednie słowa na pożegnanie, toteż siedzimy właściwie w milczeniu, a ostatnie wspólne minuty mijają nieubłaganie.

Pytam Lketingę, czy ma coś do załatwienia w Maralalu. Okazuje się, że tak. Po naszym odjeździe pójdzie do banku sprawdzić, czy nadeszły już pieniądze od filmowców. Na koniec chcę mu powiedzieć coś osobistego, chcę jakoś dać znać Lketindze o swoich uczuciach: „Proszę cię, Lketinga – mówię – uważaj na siebie. Nie zaczynaj znowu z alkoholem. Bardzo się cieszę, że przez te dni ani razu nic nie piłeś. Widzę, że naprawdę zmieniłeś swoje życie, uwierz, to ważne także dla mnie. Opowiem wszystko Napirai. I pewnego dnia przyjadę z nią do Barsaloi".

Lketinga patrzy na mnie poważnie i mówi po prostu: *Okay. I will wait for you.*

Czas się zbierać. Wychodzimy z hałaśliwego lokalu. Na dworze leje jak z cebra – Maralal dosłownie tonie w błocie. Wszędzie mnóstwo ludzi. Stoją pod daszkami, drzewami, czekając, aż deszcz ustanie. Jak ja mam się tutaj pożegnać z Lketingą? Objąć go i ucałować przed tymi wszystkimi obcymi, którzy nas obserwują? Nie, to niemożliwe, to by go tylko ośmieszyło. Lketinga narzuca na kurtkę cienki koc, po czym, patrząc na mnie spokojnie, z poważną twarzą, lekko dotyka mojego ramienia i mówi po prostu: *Okay, lesere.*

Szybko żegna się z Albertem i Klausem i odchodzi, nie oglądając się za siebie, znika wśród kolorowego tłumu. Ruszamy powoli sprzed restauracji, a ja wypatruję Lketingi między ludźmi na ulicy. Nie udaje mi się jednak go rozpoznać, gdyż wiele osób także ma narzucone na głowy kaptury i koce.

Jest mi bardzo smutno. Nie kocham już tego mężczyzny, ale to ojciec mojej córki – i to wiąże nas na całe życie. Podczas odwiedzin odżyło we mnie poczucie szacunku i poważania dla niego. Lketinga swoim zachowaniem bardzo przyczynił się, że ta wizyta była tak udana.

Dzięki jego poczuciu humoru, dzięki wesołości Jamesa, w tych dniach śmiałam się więcej niż przez ostatnie pół roku. I jest mi teraz ogromnie ciężko, że musieliśmy się rozstać. Czuję się po prostu okropnie. Lketinga też był smutny – poznałam to po jego nieruchomej twarzy. Ale on ma swój świat, do którego należy – ja także wracam do własnego życia. I obojgu nam nie jest źle. A łączy nas córka.

Ostatni wieczór w krainie Samburu

Dzisiaj przenocujemy w Maralalu, to nasza ostatnia noc w krainie Samburu. Chcemy ją znowu spędzić w hotelu Maralal Lodge. Zajmuję ten sam ładny pokój z kominkiem co poprzednio. Na dworze, mimo ulewy, zebry i dziki ciągną do wodopoju. Do kolacji mamy jeszcze sporo czasu, toteż z przyjemnością biorę ciepłą kąpiel, żeby się chociaż trochę odprężyć i otrząsnąć po przykrych chwilach pożegnania. Z powodu deszczu woda ma odcień czerwonawego brązu. Mimo to kąpiel sprawia mi przyjemność – w Afryce nie należy za bardzo wybrzydzać.

Ledwie skończyłam, a już ktoś puka do drzwi: „Madame, mam dla pani wiadomość. Ktoś czeka na panią w restauracji". Zaintrygowana wychodzę z pokoju. W restauracji siedzą w fotelach dwaj Afrykańczycy. Z daleka nie widzę, kto to, ale jednego z nich rozpoznaję, kiedy podchodzę bliżej. To miejscowy lekarz z Barsaloi, człowiek, który przed laty wielokrotnie wspomagał mnie poradami i diagnozami. Od razu widać, że pije. Przedstawia mi swojego towarzysza, urzędnika z Maralalu. Witam się z mężczyznami, niezmiernie zaskoczona, przede wszystkim wyglądem lekarza – mój Boże, ależ się zmienił! Twarz ma obrzękłą, nalaną, brakuje mu kilku zębów. Mężczyzna otwarcie mówi, że już od dawna ma problem alkoholowy. Pytam go o żonę i dzieci, wszystkich dobrze znałam. Odpowiada mi w krótkich słowach, a potem mówi, że niedawno spotkał Lketingę i od niego wie, że tu jestem.

Tymczasem nadchodzi Albert. Lekarz natychmiast zaczyna mu opowiadać o moich chorobach i dolegliwościach. Ile to razy myślał, że naprawę źle ze mną, że już się nie wywinę. Najgorzej było wtedy, gdy towarzyszył mi do Wamby w samolocie Flying Doctors. A ja nawet nie wiedziałam, że był tam wtedy ze mną, w tej malutkiej awionetce. Prawie nieprzytomna z wyczerpania, nie zważałam na to, co się dzieje wokoło. Jedyne, co czułam, to strach o moje nienarodzone dziecko. Lekarz dokładnie opisuje całą dramatyczną akcję ratunkową i dodaje, że pilot, który mnie wtedy wiózł, już nie żyje. Zdaje się, że zmarł na malarię. Ta informacja robi na mnie wielkie wrażenie, bo przecież ten człowiek, dzięki prawdziwie akrobatycznemu lądowaniu w buszu, uratował od śmierci moje nienarodzone dziecko i mnie – właśnie kiedy byłam chora na malarię.

Jeszcze przez chwilę wspominamy dawne czasy. Mój rozmówca przypomina mi, między innymi, jak to z okazji ślubu obdarował mnie kozą. Przed pożegnaniem następuje nieuchronna prośba o pieniądze. Mężczyzna mówi, że ma w szpitalu nieopłacone rachunki i nie wie, jak ma je sfinansować. Staje się oczywiste, że to właśnie jest powodem jego wizyty. Daję mu kwotę, jaką uważam za stosowną, po czym żegnamy się. Odchodzi ze swoim towarzyszem, a mnie jest przykro i czuję niesmak po tym spotkaniu. Z żalem myślę, co z tego człowieka zrobił alkohol.

Na kolacji znowu jesteśmy jedynymi gośćmi – a ja zastanawiam się, jak to możliwe, że ten hotel jeszcze funkcjonuje. Urządzenie i wyposażenie ciągle jest takie samo, jak przed osiemnastu laty – proste, ale przytulne. Dzisiejszego wieczoru wszyscy troje idziemy wcześnie do swoich pokojów. Zasiadam przed kominkiem i patrząc na płonący, sypiący iskrami ogień myślę, gdzie też teraz może być Lketinga. Mam nadzieję, że nauczył się już mądrze rozporządzać swoim niezbyt dużym, ale jednak przyzwoitym majątkiem, i nie popadnie ponownie w alkoholizm.

Przed snem ogarnia mnie gorąca potrzeba modlitwy za moją rodzinę: „Dobry Boże, spraw, żeby mama jeszcze długo żyła. Chroń Lketingę i jego małą rodzinę i pozwól, żeby znowu został ojcem. Daj Jamesowi siłę, żeby jeszcze długo mógł być pośrednikiem między naszymi dwoma światami. Chroń także moją córkę Napirai i spraw, żeby była dumna ze swoich korzeni".

SZPITAL W WAMBIE

Następnego dnia wyruszamy wcześnie rano. Jedziemy nową trasą, omijając wezbraną rzekę pod Wambą. Po raz ostatni sycę oczy widokami okolicy. Chcę, żeby te obrazy na długo zapadły mi w pamięć. Życie tutaj jest ciężkie, ale krajobrazy – nieopisanie wspaniałe. I podobnie piękni wydają mi się tutejsi ludzie. Kto raz tu przyjedzie, na zawsze pozostaje pod tajemnym urokiem tej krainy.

Nasze samochody wloką się teraz po nędznych drogach w kierunku Wamby. Mniej więcej po trzech godzinach dojeżdżamy do wsi i od razu kierujemy się do szpitala. Nie spodziewam się, że jest tam jeszcze ktokolwiek, kto znał mnie przed laty. Od ojca Giuliana wiem, że niedawno szpital przejął zakon z Indii, a ostatnie włoskie siostry wyjechały przed trzema miesiącami. Właściwie szkoda.

Idziemy poszukać kogoś, kto zechce mnie oprowadzić po szpitalu, z którym łączę tyle wspomnień. Zgłaszamy się na izbę przyjęć i mówimy, co nas sprowadza. Kobiety z Indii są wyraźnie uradowane, ale z początku myślą, że jesteśmy z ekipy filmowej – właśnie jutro spodziewają się filmowców. Kiedy wyjaśniam, że to ja jestem tą Corinne, która leżała tutaj przed piętnastu laty, a jutro będą tu „tylko" kręcić film o moim życiu, siostry od razu są gotowe pokazać nam sale i oddziały szpitala.

Oprowadza nas sama zastępczyni dyrektora. Niewiele się tutaj zmieniło, chociaż ogólnie szpital jest znacznie lepiej utrzymany niż przed laty. Najbardziej rzuca się w oczy zdumiewająco mała liczba chorych. Dawniej przed izbą przyjęć ustawiały się kilometrowe kolejki, wszystkie sale były pełne, wszystkie łóżka zajęte. Sama kilka razy siedziałam z Napirai w poczekalni po cztery, pięć godzin, czekając w kolejce do zaszczepienia.

Idziemy po korytarzach szpitala i wkrótce stajemy przed drzwiami sali, w której leżałam z moją przyjaciółką Sophią także czekającą na poród. Teraz nikt tu nie leży, więc mogę wejść do środka.

Nie do wiary! Wszystko wygląda dokładnie tak, jak przez piętnastu laty! Nawet taki sam niebiesko-biały koc leży na materacu żelaznego szpitalnego łóżka! Miejscami tynk odpada ze ścian. Przy łóżkach stoją wciąż te same metalowe szafki. Na ich widok przypominają mi się karaluchy i to nieprzyjemne chrobotanie. Raz włożyłam do szuflady coś do jedzenia i w nocy zbiegły się od razu całe masy karaluchów, które też chciały się pożywić. Najpierw słyszałam tylko chrobot i nie wiedziałam, co to takiego. Dopiero kiedy zapaliłam kieszonkową latarkę, zobaczyłam w jej świetle, jak całe to robactwo znika w najdrobniejszych nawet szparkach.

Siadam na „moim" łóżku i zalewa mnie fala szczęścia. To tutaj siedziałam godzinami i robiłam na drutach. Ja, która w szkole uciekałam od takich zajęć, sama robiłam rzeczy dla mojego nienarodzonego dziecka. To tutaj przez dwa tygodnie niecierpliwie czekałam na poród. Oczywiście nie mogłam się w żaden sposób przygotować, nie było tu szkoły rodzenia czy gimnastyki dla ciężarnych. Nie miałam też pojęcia, jak przebiega akcja porodowa. U Samburu, kobieta, która ma rodzić po raz pierwszy, wszystkiego dowiaduje się od teściowej. A ja, nie znając dobrze języka, nie potrafiłam się porozumieć z moją teściową. Tłumaczyłam sobie, że skoro codziennie tyle młodych dziewcząt rodzi dzieci, to i ja przy swoich dwudziestu dziewięciu latach powinnam dać sobie radę.

Ale ze szpitalem w Wambie łączą się nie tylko same miłe wspomnienia. Leżałam też tutaj z ciężką malarią, podłączona do kroplówek. Z jednej strony krew, z drugiej – roztwór soli fizjologicznej. Tak, w tym szpitalu przeszłam i przeżyłam niejedno. I to że teraz, po piętnastu latach, znowu tutaj jestem, siedzę na tym samym łóżku, syta, dobrze odżywiona i całkowicie zdrowa – wydaje mi się po prostu cudem.

Idziemy dalej na oddział zakaźny. Znam go dobrze, bo tu właśnie leżałam. Teraz oddział jest w remoncie i nie możemy zwiedzić pomieszczeń. Dowiadujemy się, że cały został przeniesiony. Pokazuję Klausowi i Albertowi, gdzie leżałam przez pięć tygodni. To tutaj, w godzinach odwiedzin, codziennie gapili się na mnie przez szybę zupełnie obcy ludzie. Aż nadto dobrze przypominam sobie te okropne tygodnie, w całkowitej izolacji od świata. Do mojej celi nie dochodziły żadne dźwięki, ani śpiew ptaków, ani ludzkie głosy – a mimo to wyzdrowiałam.

Wracamy powoli. Pytam naszą przewodniczkę, z jakimi przypadkami mają dzisiaj najczęściej do czynienia w szpitalu. Siostra odpowiada: „Oparzenia i powikłania przy porodach, spowodowane obrzezaniem. Niemal codziennie widzę, jak straszliwe mogą być jego skutki. Nawet jeśli nie od razu, to najpóźniej przy pierwszym porodzie u większości kobiet i dziewcząt dochodzi do komplikacji. Czasem przecież wydaje się za mąż dziesięcioletnie dziewczynki, które pierwsze dziecko rodzą w wieku dwunastu czy trzynastu lat. Poród w tym wieku i tak łączy się z wielkim ryzykiem dla matki, a w przypadku obrzezania dochodzi jeszcze to, że pochwa jest często cała w bliznach, a tkanka – nierozciągliwa. Zdarza się, że młode dziewczęta umierają przy porodzie albo do końca życia cierpią z powodu porodowych urazów i uszkodzeń. Częstym powikłaniem jest nietrzymanie moczu. Dziewczyna z taką dolegliwością zostaje odrzucona przez rodzinę męża. Codziennie mamy tu do czynienia z takimi smutnymi przypadkami. Wprawdzie obrzezanie jest w Kenii prawnie zabronione, ale sądzę, że jeszcze dużo czasu upłynie, zanim faktycznie uda się położyć kres tym straszliwym praktykom. Zwłaszcza na odległych terenach, w buszu, gdzie nie ma żadnej kontroli, a dziewczętom nie przysługują żadne prawa. Dopóki nie zostanie przełamana tradycja, że za mąż wydaje się bardzo młode dziewczęta i tylko po obrzezaniu, nie ma co liczyć na szybkie efekty uświadomienia i oświaty. W miastach sytuacja przedstawia się już o wiele lepiej. Lecz najgorsze przypadki to te, kiedy w ciążę zajdzie jeszcze nieobrzezana, a więc niezamężna, dziewczyna. Wtedy próbuje się wszelkich sposobów, by spędzić płód. Stosuje się najbardziej okrutne, najstraszniejsze metody, między innymi poi się dziewczynę wywarem z tytoniu do żucia".

Teraz rozumiem, dlaczego wszyscy się tak strasznie zdenerwowali, kiedy podczas naszego pożegnalnego święta w Barsaloi wzięłam ten tytoń do ust!

„Jak już nic nie pomoże – kontynuuje siostra – wtedy dziewczynę poddają obrzezaniu – mimo ciąży! Utrata krwi, ziejąca rana i zakażenie, które zwykle potem następuje, zazwyczaj prowadzą do poronienia, a niekiedy i do śmierci matki. Sama jestem na wpół Samburu i Kikuju, ale Bogu niech będą dzięki, nie zostałam obrzezana".

Albert pyta o przyczynę tego okrutnego obyczaju. Siostra odpowiada, że trudno to wyjaśnić. Z jednej strony winna jest tu z pewnością siła tradycji, której wszyscy się poddają. Ponadto mężczyźni uważają zapewne, że kobiety wskutek obrzezania tracą zainteresowanie innymi mężczyznami. Po obrzezaniu łatwiej mieć kobietę pod kontrolą. Problem zdrady odpada. Siostra podkreśla, że w tej sprawie jest jeszcze bardzo wiele do zrobienia i trzeba włożyć wiele pracy w uświadomienie ludzi. Można mieć tylko nadzieję, że kiedyś sytuacja się poprawi. Tak. A fakt, że u Samburu, inaczej niż u wielu innych plemion i ludów, nie praktykuje się tej najgorszej formy obrzezania, jest dla mnie słabą pociechą.

Na temat obrzezania przed kilku dniami rozmawialiśmy z Jamesem. Zagadnął go o to Albert, korzystając z okazji, że byliśmy wtedy sami. Już od Jamesa dowiedzieliśmy się, że mimo dużych zmian, jakie zaszły w ciągu ostatnich czternastu lat, w kwestii obrzezania dziewcząt zrobiono bardzo niewiele. Na pytanie, co on sam o tym sądzi, odpowiedział: „To głęboko zakorzeniony zwyczaj. I bardzo trudno zmienić nastawienie ludzi. Dopiero przez ten zabieg dziewczyna staje się pełnowartościową kobietą. Tak było zawsze i pewnie jeszcze długo tak pozostanie".

Zapytaliśmy Jamesa, czy w szkole mówi się na ten temat, czy prowadzi się akcję oświatową. „Tak – odpowiedział – ale to nic nie daje. Nawet jak mężczyzna chciałby poślubić nieobrzezaną dziewczynę, to nie dopuści do tego jej ojciec. To się zdarza bardzo rzadko". Kiedy zapytałam Jamesa wprost, jak on postąpi ze swoimi dziewczynkami, zauważyłam, że ten temat jest dla niego naprawdę przykry i bardzo mu nie na rękę cała ta rozmowa. Także jego żona, Stefania, została obrzezana, chociaż jest wykształcona. James powiedział mi wtedy: „Jeśli moje dziewczęta znajdą sobie mężczyzn, którzy zechcą je poślubić bez obrzezania, to ja nie będę miał nic przeciwko temu! Ale znaleźć takich kandydatów na mężów będzie naprawdę trudno".

Do końca rozmowy nie udało nam się wywnioskować, jak to było ze Stefanią. Kto chciał, żeby ją obrzezano – jej ojciec czy James. Musieliśmy uszanować to, że ten temat był dla niego przykry. W końcu to intymne sprawy, James miał prawo czuć się skrępowany.

Przypominam sobie reakcję Lketingi, kiedy wyjaśniłam mu, jakie mogą być skutki tego „zabiegu" u dziewcząt. Był naprawdę poruszony, nie wiedział, co o tym myśleć, trudno mu było uwierzyć w to, co mówię. Sam się zastanawiał, dlaczego w takim razie wymaga się czegoś takiego, dlaczego nadal poddaje się dziewczęta temu zabiegowi. Ale pojedyncze osoby nie mają niemal żadnego wpływu i możliwości, żeby przeciwstawić się prastarej tradycji. Myślę, że nowa żona Lketingi też została obrzezana.

Będąc pod wrażeniem tego, co usłyszeliśmy, idziemy powoli do wyjścia. Dziękujemy siostrze za oprowadzenie po szpitalu. Żegnamy się. Wychodzimy na zewnątrz. Odwracam się i jeszcze raz obejmuję wzrokiem budynek szpitala. Trudno mi uwierzyć, że moja „szwajcarska" dziewczynka właśnie tu przed piętnastu laty przyszła na świat. Wydaje mi się to jakieś nierealne. Wsiadamy do samochodów.

Jutro przyjedzie tutaj ekipa filmowa. Będą kręcić sceny porodu. Czy także Ninie zatkają usta, żeby nie było słychać, jak krzyczy?

DROGA POWROTNA DO NAIROBI

Opuszczamy Wambę i kierujemy się na Isiolo. Po kilku kilometrach przekraczamy rwącą rzekę. Przeprawa dla odważnych i żądnych przygód – most nie ma balustrady. Patrząc na to, co się dzieje tutaj, można sobie wyobrazić, co deszcze musiały zrobić w górach. Jak okiem sięgnąć, czerwonobrunatna woda, od czasu do czasu pojedyncze palmy. Ani śladu krokodyli, które tu normalnie żyją. Niebo jest szare, zaciągnięte gęstą powłoką chmur. Zaraz znowu zacznie padać. Droga, na szczęście, robi się trochę lepsza, przecież jesteśmy coraz bliżej „cywilizowanych okolic".

Po około trzech godzinach dojeżdżamy do wioski składającej się ledwie z kilku drewnianych chat. Jest tu parę sklepików i dwa lokaliki. To dobra okazja, by zrobić krótką przerwę na herbatę.

Od razu prowadzą nas do osobnego pomieszczenia dla białych. W salce od podwórza zasiadamy na wytartych sofach, na których udrapowano białe koronkowe narzuty. Ściany, w innych pomieszczeniach zupełnie nagie, tutaj zdobią kunsztowne motywy zwierzęce. Prostymi środkami zadbano o nieco bardziej elegancki wystrój. Zamawiamy *chai*. Herbata jest smaczna, chociaż nie taka, jak w *manyatcie* mamy. Zjadamy parę herbatników i ruszamy w dalszą drogę.

Coraz częściej spotykamy na trasie autobusy obsługujące safari, sunące przez zasnutą deszczem okolicę. Od czasu do czasu rozpoznaję drewniane szyldy z egzotycznymi nazwami hoteli dla turystów.

Wyjeżdżamy poza tereny Samburu – cała okolica zmienia się wyraźnie. Nie tylko krajobraz i roślinność, ale i wygląd mieszkańców. Tereny są w większym stopniu zajęte pod uprawy. Mijamy kobiety, dźwigające na głowach kosze z warzywami i owocami. Nie widać już kolorowych *kang* – ludzie tutaj ubrani są w większości po europejsku.

Późnym popołudniem dojeżdżamy do Isiolo i decydujemy się tu przenocować. Jechanie w ciemności po tych strasznych drogach byłoby bardzo wyczerpujące i niebezpieczne. Isiolo to dość brzydkie i brudne małe miasteczko. Zauważam, że jest tu teraz o wiele więcej muzułmanów niż dawniej. Od szofera dowiadujemy się, że jest praktycznie podzielone na dwie części. W jednej mieszkają chrześcijanie, w drugiej – muzułmanie, zwykle pochodzenia somalijskiego.

Jedziemy do „wytwornego" miejscowego hotelu i udajemy się do swoich pokojów. Nieco później spotykamy się na wspólnej kolacji. Po jedzeniu nikt z nas nie ma ochoty przechadzać się po ciemnych i brudnych ulicach miasteczka, toteż idziemy na taras na dachu hotelu, by zażyć nieco świeżego powietrza. Hotel jest najwyraźniej miejscem spotkań majętnych i wpływowych mieszkańców miasteczka. Mężczyźni, przeważnie grubi, mają na sobie garnitury, a równie puszyste kobiety są wystrojone według afrykańskiej mody albo noszą europejskie ubrania w ekstra dużych rozmiarach. Życie tutaj wydaje się o wiele bardziej nowoczesne i nerwowe niż w Maralalu czy Barsaloi. To miejsce wcale mi się nie podoba. Naprawdę się cieszę, kiedy następnego ranka wyjeżdżamy stąd do Nairobi.

★ ★ ★

Im bardziej zbliżamy się do stolicy, tym większy staje się ruch na drodze. Natłok samochodów i mnóstwo ludzi. Po spokoju w buszu, Nairobi wydaje mi się straszliwie głośne i nerwowe. Odczuwam to o wiele silniej niż wtedy, kiedy przybyliśmy tutaj z Europy. Wprost nie mogę uwierzyć, że minęło dopiero czternaście dni. Te dwa tygodnie dostarczyły nam tylu wrażeń, tyle przeżyliśmy, że wydaje mi się, jakbym była tutaj o wiele dłużej.

Odstawiamy wynajęte samochody do wypożyczalni i bardzo serdecznie dziękujemy naszym kierowcom, Francisowi i Johnowi, za znakomitą obsługę – świetnie się sprawili.

Co prawda, mam już za sobą najważniejszy etap mojej wyprawy, ale ciągnie mnie jeszcze do Mombasy – chciałabym zamknąć krąg mojej podróży i jeszcze raz pojechać do miejsca, gdzie wszystko zaczęło się przed osiemnastu laty.

Klaus uprzejmie zaprasza nas do siebie. Od dwóch lat mieszka w Nairobi ze swoją przyszłą żoną, Ireną. Ponieważ Albert ma dzisiaj samolot do Monachium, usiłujemy skontaktować się z ojcem Giulianem. Z radością dowiadujemy się, że misjonarz rzeczywiście jest tu jeszcze, w pobliżu Nairobi. Umawiamy się na wieczór w jednej z włoskich restauracji. Jakoś nie potrafię sobie wyobrazić Giuliana w Nairobi, w „cywilizowanym" miejscu. Dla mnie to eremita, samotnik chodzący własnymi drogami, zaprzeczenie mieszkańca wielkiego miasta.

Klaus mieszka w spokojnej okolicy, w dzielnicy, na którą mogą sobie pozwolić tylko zamożniejsi ludzie. Bloki mieszkalne otoczone są murem i drutem kolczastym. Do środka wpuszczane są jedynie osoby znane obu strażnikom. Na terenie osiedla jest restauracja, salon piękności i centrum odnowy biologicznej. Kiedy sobie wyobrażę, że aby pójść na basen czy do fryzjera muszę najpierw zameldować się u strażników, wydaje mi się to bardzo osobliwe. Później stwierdzam, że nawet zwykłe restauracje w Nairobi są otoczone murami i strzeżone. Dawniej w ten sposób chroniono tylko wille. Wydaje się, że w Nairobi jest teraz jeszcze bardziej niebezpiecznie niż za moich czasów. Wieczorem nikt nie odważy się iść do restauracji oddalonej o pięć metrów. Kto tylko może sobie na to pozwolić, porusza się wyłącznie w zamkniętym samochodzie.

Nie chciałabym tak żyć. Człowiek jest niewolnikiem własnego majątku. Wtedy też wolałam mieszkać w Barsaloi, pod gołym niebem, mówiąc obrazowo. Prawie nic nie miałam i nie musiałam niczego strzec. A w każdym razie nie przed rabusiami, tylko przed lwami i hienami.

Kiedy o umówionej godzinie zjawiamy się przed lokalem, ojciec Giuliano właśnie brawurowo zajeżdża pod restaurację na swoim motocyklu. Jego kask pamięta chyba przedwojenne czasy. Po raz pierwszy widzę misjonarza w normalnym ubraniu – długie spodnie, sweter i kryte buty!

Towarzyszy nam para starszych Anglików. To osoby odgrywające ważną rolę w kenijskim przemyśle filmowym, toteż siłą rzeczy rozmowa schodzi na realizację *Białej Masajki*. Ojciec Giuliano jest bardzo ciekaw, kto odtwarza jego postać. Ze śmiechem, podnosząc w górę palec, grozi nam żartobliwie: „Biada, jeśli ten typ mi się nie spodoba albo jeśli poprzekręcaliście fakty. Znajdę was wtedy nawet na końcu świata!". Wszyscy wybuchamy głośnym śmiechem. Oczywiście nazwisko aktora nic Giulianowi nie mówi. Bo niby jak! Misjonarz od kilkudziesięciu lat nie ma telewizora, a nawet gdyby chciał go mieć, to i tak tam, gdzie mieszka, nie ma zasięgu. Musi poczekać, aż film zostanie udostępniony na kasecie wideo. Niewykluczone, że będzie też premiera kenijska w Nairobi. To całkiem możliwe. Myślę, że James i Giuliano chętnie by przyjechali, ale co do Lketingi, nie jestem taka pewna.

Niestety, dwie godziny w restauracji mijają szybko, musimy się pożegnać, żeby odwieźć Alberta na samolot. Na lotnisku ogarnia mnie straszna tęsknota za moją córką. Bardzo mi jej brakuje. Ale jest jeszcze parę miejsc i kilka osób, które chciałabym koniecznie odwiedzić podczas tej „podróży w przeszłość".

LATAJĄCY DOKTORZY

Pierwsze z tych miejsc to biuro organizacji pomocy AMREF. „Latającym doktorom" nie tylko ja zawdzięczam życie – codziennie ratują w Afryce wielu ludzi. Ponadto organizacja od niemal pięćdziesięciu lat stara się, poprzez konkretne akcje i projekty, rozwinąć jak największą sieć podstawowej opieki zdrowotnej. Koniecznie chcę wykorzystać okazję i po piętnastu latach osobiście podziękować za uratowanie mi życia. Pragnę też przyczynić się do tego, żeby jak najwięcej ludzi dowiedziało się o godnej podziwu działalności tej organizacji.

Kiedy następnego ranka wchodzimy z Klausem do budynku biura, czeka nas życzliwe i serdeczne przyjęcie. Wszyscy są bardzo zaciekawieni, kiedy wreszcie moja historia ukaże się po angielsku. Z przyjemnością odpowiadam, że już wkrótce, bowiem wreszcie udało się znaleźć wydawnictwo, które chce opublikować moją książkę. Potem prowadzą nas do biura kierowniczki służby lotniczej. Podczas rozmowy dowiaduję się, jak wiele organizacja zdziałała w całej Afryce.

Na początku byli znani przede wszystkim dzięki lotom medycznym. Wiadomo, że piloci *Flying Doctors* docierają do najbardziej odległych rejonów w buszu. Mnie samą w ostatnim momencie, w bardzo ciężkim stanie przewieziono do szpitala w Wambie.

A tutaj, w Nairobi, udało się między innymi zbudować szpital w największej dzielnicy nędzy, założono także toalety i ujęcia czystej wody pitnej. Z chęcią przyjmuję propozycję obejrzenia wszystkiego na miejscu. Umawiamy się na następny dzień. Bo oczywiście trzeba to wcześniej umówić i przygotować. Jako biali nie możemy sobie tak po prostu spacerować po dzielnicy nędzy, gdzie mieszkają najbiedniejsi z biednych. Rabunki, napady, mordy są tu na porządku dziennym. Żebyśmy mogli tam pojechać, trzeba załatwić specjalnie oznakowany samochód, z kierowcą, który się dobrze orientuje we wszystkim. Ponadto trzeba też poinformować dyrekcję szpitala.

Pytam kierowniczkę, czy moglibyśmy pójść do hangaru, żeby

Klaus zrobił mi zdjęcie przy samolocie, którym mnie wtedy transportowano. Kierowniczka nie ma nic przeciwko temu. Kiedy idziemy do hangaru, dołącza do nas kobieta. To ona jutro ma być naszą przewodniczką w Kiberze, w dzielnicy nędzy. Niestety, w hangarze stoi tylko jedna wielka maszyna, wszystkie małe samoloty są w trasie. Ale na zewnątrz, na pasie startowym, nieco z boku dostrzegamy niewielki samolot, bardzo podobny do tego, którym przewieziono mnie z buszu do Wamby. Stoi ledwie dwadzieścia kroków od nas.

Niestety nie wolno wchodzić na pas startowy. Poza maszynami AMREF-u z niewielkiego lotniska Wilsona korzystają także maszyny sportowe firm organizujących rajdy safari i piloci prywatni.

Ale w tej chwili nie ma żadnego ruchu, toteż towarzyszące nam urzędniczki AMREF-u pytają policjanta, który stoi opodal, czy moglibyśmy na pięć minut podejść do samolotu, aby nakręcić parę scen i zrobić kilka zdjęć. Normalnie potrzeba na to specjalnego pozwolenia, a żeby je zdobyć, należy złożyć prośbę na piśmie. Wszystko razem trwałoby ze dwa, trzy dni. Policjant śmieje się i mówi: *Okay, you can go there.*

Niczego nie przeczuwając, podchodzimy do samolotu. Kierowniczka służby lotniczej wyjaśnia mi, jakie unowocześnienia zostały wprowadzone, Klaus w tym czasie robi nam kilka ujęć. Niedaleko, w cieniu innej maszyny, leży kilku robotników, ucięli sobie południową drzemkę.

Ale ten zwodniczy spokój wkrótce zostaje przerwany. Nagle podbiega do nas rosły mężczyzna, najwyraźniej bardzo rozwścieczony. Jedna z kobiet z AMREF-u mówi cicho: „Ojej, no to mamy problem. To szef służby bezpieczeństwa lotniska".

Mężczyzna rozkazującym tonem każe nam natychmiast przestać filmować i żąda wyjaśnień. Kobiety z AMREF-u tłumaczą, o co chodzi, pokazują swoje karty pracownicze, przepustki i dowody. Nie robi to na mężczyźnie najmniejszego wrażenia. Identyfikatory kobiet go nie interesują. Ważne jest to, że nie wolno wchodzić na pas startowy, a filmować i fotografować można tylko za specjalnym pozwoleniem na piśmie. Nie jest istotne, że teraz nie ma ruchu, ani to, że nasze zdjęcia i film mają służyć dobremu celowi. Mężczyzna nie zamierza słuchać naszych wyjaśnień, oświadcza, że ma prawo wsadzić nas na kilka lat do więzienia.

Nie wierzę własnym uszom! Jak okiem sięgnąć, nie widać żadnego innego samolotu. Jesteśmy ledwie dwadzieścia kroków za hangarem. Co prawda, przepis jest przepisem, ale przecież za coś takiego nie wsadzają tu chyba człowieka na kilka lat do więzienia! Urzędniczki z AMREF-u starają się zachować spokój i przekonać szefa bezpieczeństwa, żeby nam darował. Nic z tego. Mężczyzna przesłuchuje policjanta, który pozwolił nam na robienie zdjęć. Uznaje, że ten przekroczył swoje kompetencje. Stoimy w prażącym słońcu na rozgrzanym asfalcie przynajmniej pół godziny i wyczerpaliśmy już wszystkie argumenty. Nie wiemy, o co w tym wszystkim chodzi. O pieniądze? O zademonstrowanie władzy? Szef służby bezpieczeństwa jest najwyraźniej obrażony i wściekły. Dołączają inni mężczyźni i dyskusja rozpoczyna się od nowa. Wszyscy na nas patrzą i w końcu zaczynamy się czuć jak prawdziwi przestępcy. To czysta kpina. My tu chcemy zrobić coś dobrego, zebrać dokumenty, żeby zachęcić innych do wspomagania organizacji, a jakiś urzędnik z przerostem ambicji zastanawia się, czy nas nie aresztować!

Nagle jedna z urzędniczek znajduje wyjście z sytuacji. Mówi, że jest umówiona w mieście na lunch z pewnym ambasadorem i teraz już nie zdąży dojechać na czas. Musi koniecznie zawiadomić tego człowieka, w końcu to sam ambasador. Mężczyzna pozwala jej zadzwonić. A ona natychmiast wykręca numer swojego szefa. Pomóc może nam tylko ktoś, kto ma tu wysokie stanowisko. Rzeczywiście, niedługo potem pojawia się wyższy urzędnik i pyta, co się stało. Szef bezpieczeństwa z wielkim wzburzeniem opowiada o naszym „przestępstwie". Znowu rozpoczyna się wymiana zdań, ale zaraz potem ton dyskusji się zmienia i ni stąd, ni zowąd pozwalają nam odejść – tak po prostu. Nie wiemy, czemu to zawdzięczamy i nie mamy też zamiaru o nic pytać. Najważniejsze, że uniknęliśmy afrykańskiego więzienia!

Jak najszybciej opuszczamy budynek i od razu idziemy do restauracji, żeby ugasić pragnienie i ochłonąć po tym nieprzyjemnym zdarzeniu. Oczywiście do końca dnia powracamy w rozmowach do tego incydentu.

KIBERA – DZIELNICA NĘDZY

Następnego dnia, tak jak to było umówione, zgłaszamy się do biura organizacji AMREF. Wszystko jest już przygotowane i wyruszamy od razu. Po niedługiej jeździe przez miasto docieramy do dzielnicy slumsów, rozpoznawalnej już z daleka po dachach z falistej blachy. Nasza przewodniczka mówi, że to jest największa z dzielnic nędzy w Nairobi. Aż sześćdziesiąt procent mieszkańców miasta żyje właśnie w takich warunkach. W samej tylko Kiberze mieszka około 700 000 ludzi, stłoczonych na niewielkiej przestrzeni. Odsetek chorych na AIDS jest przerażająco wysoki, a choroby takie jak gruźlica szerzą się w zastraszającym tempie, przede wszystkim z powodu katastrofalnych warunków higienicznych. Na 400 mieszkańców przypada tu jedna toaleta! Organizacja AMREF wybudowała znaczną liczbę publicznych szaletów, można z nich korzystać za niewielką opłatą. Pieniądze są przeznaczone na sprzątanie. Dzięki temu sytuacja uległa pewnej poprawie. Przedtem nie można było tutaj chodzić z gołą głową, gdyż wszyscy załatwiali swoje potrzeby do plastikowych torebek, które potem wyrzucali przez okno. „Latające toalety" – tak się nazywały te szybujące w powietrzu woreczki z fekaliami. Klaus i ja patrzymy na siebie z przerażeniem.

Powoli jedziemy po wąskiej ulicy. Po prawej i po lewej stoją sklecone z desek jarmarczne budy. Widzę na nich ubrania, torebki, artykuły gospodarstwa domowego, nowiuteńkie radioodbiorniki – całe mnóstwo. Każdy chce coś sprzedać. Obok naszego samochodu przeciska się gęsty, niekończący się tłum ludzi. Jest mi niezręcznie, że ja, biała kobieta, tak się pcham tym samochodem. Ale kierowca uspokaja mnie: „Nasz samochód jest oznakowany i mieszkańcy widzą, że tu chodzi o ludzi, którzy interesują się pomocą humanitarną i mogą wesprzeć miejscowych".

Zatrzymujemy się i wysiadamy z auta. Kierowca poleca jakiemuś szczerbatemu chłopakowi, żeby uważał na samochód, dostanie za to kilka szylingów. Jest potwornie gorąco. Przez chwilę mam wrażenie, że uduszę się od panującego tu straszliwego smrodu. Kobiety, mężczyźni, dzieci i tony śmieci – gdzie tylko spojrzeć. Całe to „miasto" składa się z drewnianych bud i blachy falistej. Przeskakujemy przez walające się na ulicy odpadki, przechodzimy na drugą stronę linii kolejowej, która przebiega w odległości ledwie dwóch metrów od drewnianych stoisk. W tej chwili po torowisku wałęsają się dzieciaki i chude kozy. Co chwila przechodzimy nad cuchnącymi rynsztokami. Nasza przewodniczka mówi, że mamy szczęście z tą pogodą, bo jak tylko zacznie się pora deszczowa, szlam i fekalia zlewają się w jedno i pokrywają wszystko warstwą błota, sięgającą kostek. Smród jest wtedy nie do wytrzymania.

Kury dziobią tu i tam w wilgotnej, śmierdzącej ziemi. Nie chciałabym jeść zniesionych przez nie jajek – przelatuje mi przez głowę. Zewsząd zza drewnianych ścian dobiega muzyka.

Ludzie spoglądają na nas nieufnie, z ponurymi twarzami. Tylko dzieci są ciekawe, towarzyszy nam mała, wesoła czereda. Ku mojemu zdumieniu niektóre z nich mają na sobie ładne, niebieskie ubranka. To mundurki szkolne, jak się dowiadujemy, bo zbudowano tu nawet szkołę. Inne dzieci chodzą w poszarpanych koszulkach, boso biegają po kurzu i błocie. Wiele jest bardzo brudnych, ich ciała pokryte są krostami i plamami. Ale uśmiechają się do nas i pytają: *Hello, mzungu, how are you?* Niektórym podaję rękę i pytam o imię, ale zwykle bardzo je to onieśmiela.

Mijamy nowo wybudowane toalety i dochodzimy do ujęcia wody pitnej. Woda jest filtrowana i prawie wolna od bakterii. Z kranu może korzystać każdy. Odkąd udostępniono to ujęcie, wyraźnie spadła liczba zachorowań na biegunkę.

Jesteśmy już przy wybudowanym przez AMREF szpitalu, który przylega do dużego, pustego placu. W poczekalni widzę wielu chorych, czekających w kolejce do lekarza.

Prowadzą nas na piętro, gdzie zostajemy przedstawieni osobom tu pracującym. Szpital obsługuje przede wszystkim personel miejscowy. Starszy, chudy mężczyzna opowiada o trudnościach przy jego budowie. Nawet organizacji pomocy nie jest łatwo przebić się na takim terenie. Ludzie tutaj są nieufni. Zbyt często przeżywają rozczarowania, zwodzeni obietnicami, których potem nikt nie dotrzymuje. Ale teraz miejscowi przekonali się już do szpitala, zgłasza się wielu chorych. Największym sukcesem jest fakt, że coraz więcej kobiet przychodzi tu rodzić. To wielki postęp. AMREF prowadzi kursy dla personelu pomocniczego, dla ludzi, którzy pochodzą właśnie stąd. W ten sposób także pomaga się miejscowym.

To wszystko robi na mnie ogromne wrażenie. Jestem pełna uznania i podziwu dla osób, które tutaj działają na rzecz biednych i słabych. Po godzinie opuszczamy szpital.

Na ulicy spotykamy grupę młodych ludzi, którzy po szkole pracują dla organizacji AMREF. Tworzą coś w rodzaju służby wywiadowczej. Chodzą po dzielnicy, którą znają przecież jak własną kieszeń, i sprawdzają, czy ktoś nie potrzebuje pomocy. Jeśli była jakaś bójka i są ciężko ranni, natychmiast meldują o tym w szpitalu.

Wracamy do samochodu. Po drodze mijamy wielką świnię z małymi. Cała rodzina tarabani się przez zasłany odpadkami teren do niedalekiej kupy śmieci. Dwa metry ode mnie jakiś mężczyzna sika obok drewnianej budy. Kilka metrów dalej widzę starą kobietę, która przysiadła pod swoim kramem i na otwartym ogniu smaży na patelni rybę. Wiele jeszcze nieusmażonych ryb leży w równych rządkach na straganie, wokół którego brzęczą tysiące much. Tylu much nie widziałam nawet w najgorszych czasach, kiedy mieszkałam w *manyatcie*. Czarne roje niemal całkowicie pokrywają ryby. Robi mi się niedobrze na myśl, że te ryby sprzedaje się do jedzenia! Smród jest potworny! Stara, prawie bezzębna kobieta śmieje się, bo chyba zauważyła moje przerażenie, w dalszym ciągu machając kawałkiem tektury nad ogniem, żeby utrzymać należytą temperaturę. Kilka kroków dalej jakiś mężczyzna oferuje kukurydzę – pięć kolb, które przedtem opiekł na ruszcie. Jestem tym wszystkim zaszokowana, ale także zafascynowana i pełna podziwu dla ludzi wkładających tyle wysiłku w to, żeby tu przeżyć. Nikt nie narzeka, każdy stara się działać.

Kiedy wracamy do torów kolejowych, postanawiam u jednej z tutejszych handlarek kupić torbę podróżną. Kobieta, bardzo uradowana, pokazuje mi cały swój towar. Wszystkie torby są zakurzone, nic dziwnego, przecież przez cały dzień leżą na straganie. Gdy się zastanawiam, którą wziąć, nadjeżdża pociąg. Ludzie bez pośpiechu usuwają się z szyn. Jak najbliżej przywieram do straganu. Pociąg wzbija tumany kurzu – dmucha nam prosto w twarz i na rzeczy na straganach. Już po chwili straszne widmo znika, a kobiety najspokojniej w świecie otrzepują się z pyłu. Mój Boże, one stoją tak tutaj całymi dniami, przez całe życie, od rana do wieczora. Po raz kolejny uświadamiam sobie, jak bardzo jesteśmy uprzywilejowani, my, mieszkańcy Szwajcarii. Wybieram torbę, płacę i wszyscy powoli idziemy do samochodu. Znowu przeciskamy się przez wąskie uliczki. Zewsząd dobiega muzyka i nieustanny gwar ludzkich głosów. Nasz pojazd śledzi wiele par oczu. Naprawdę trudno czuć się dobrze w takiej sytuacji.

Podczas drogi powrotnej porównuję w myślach życie tutejszych ludzi z życiem mojej rodziny w Barsaloi. Co prawda moja rodzina nie zna dobrobytu w naszym, europejskim pojęciu. Ale żyją na szerokiej przestrzeni, a nad głowami mają otwarte niebo. Ich życie jest proste i surowe, ale nie jest to nędza. A tu, w slumsach, mieszkają rzeczywiście najbiedniejsi z biednych. Większość z nich przybyła z wiejskich okolic, w przekonaniu, że życie w mieście jest prostsze. Kto raz wyląduje w slumsach, ten właściwie nie ma szans się stąd wydostać.

Wracamy z Klausem do jego mieszkania. Pierwsze, na co mam ochotę, to porządna kąpiel. Idę do łazienki i długo stoję pod prysznicem. Ale obrazy ze slumsów Kibery prześladują mnie przez cały czas – nie mogę przestać o tym myśleć. Nie mam ochoty iść wieczorem do jednej z tych drogich restauracji, gdzie danie potrafi kosztować tyle, ile wielu ludzi zarobi przez cały miesiąc. Klaus i jego przyjaciółka prowadzą mnie do zwykłej somalijskiej restauracji, do której chodzą prawie sami miejscowi.

Lokal przypada mi do gustu, zostajemy na kolacji. Spędzamy przy stoliku całkiem miły i spokojny wieczór, chociaż po przeżyciach dzisiejszego dnia trudno o wesołą, beztroską atmosferę.

Mzungu Massai

Następnego dnia jedziemy do osławionej River Road – chcę jeszcze raz zobaczyć Iqbal, skromny hotel, w którym zwykle nocowałam podczas pobytu w Nairobi. Witano mnie tutaj zawsze wesołym: *Mzungu Massai*, co wiele lat później zainspirowało mnie do nadania tytułu mojej pierwszej książce. Wtedy nawet w najśmielszych marzeniach nie przyszłoby mi do głowy, że kiedyś o życiu „białej Masajki" będą czytały miliony ludzi. W drodze do hotelu przejeżdżamy obok znienawidzonego budynku, siedziby Nyayo. Ileż to razy wyczekiwałam tutaj całymi godzinami w kolejce, żeby dostać jakiś potrzebny dokument lub stempelek. Dzisiaj już nie pamiętam dokładnie, co to były za papiery i pieczątki. Ale przypominam sobie, jakie to było okropne, ile się nadenerwowałam, naczekałam i namodliłam, żeby wszystko załatwić. Nieubłagani urzędnicy w tym budynku naprawdę naszarpali mi nerwów.

Udaje się nam znaleźć miejsce na parkingu. Jakiś chłopiec ofiaruje się, że przypilnuje samochodu. Przechodzimy spacerem obok słynnego hotelu Stanley. Dawniej widziało się tu na tarasie niemal wyłącznie białych, dzisiaj towarzystwo jest mieszane – przy czym przeważają Kenijczycy. Pozwalam się nieść tłumowi i poddaję fali wrażeń. Kiosk z gazetami wciąż stoi na tym samym rogu, co dawniej. Tyle tylko, że wybór gazet jest pięciokrotnie większy. Przechodzimy kilka przecznic, aż dostrzegam kino Odeon – to znak, że jeszcze tylko parę kroków i dotrzemy do hotelu. Jest tu nawet budka telefoniczna, z której tyle razy dzwoniłam do Szwajcarii. Ale dzisiaj nie stoi już przed nią kolejka oczekujących, gdyż także tutaj, w Nairobi, większość ludzi chodzi z telefonami komórkowymi przy uchu.

Na próżno szukam wejścia do restauracji, która dawniej przylegała do hotelu. Dobrze pamiętam, jak to wtedy wyglądało, ale teraz jest zupełnie inaczej. W miejscu, gdzie była kasa i recepcja, dzisiaj widzę tylko bar szybkiej obsługi. Nie ma już wielkiej sali restauracyjnej, w której kiedyś spotykali się objuczeni plecakami globtroterzy z całego świata. Urok tego miejsca zniknął.

Ponownie przyglądam się wszystkiemu, a potem idziemy dalej. Zewsząd słychać klaksony taksówek *matatu*, kierowcy zabiegają o klientów. Mnóstwo tu barów i restauracji, z otwartych drzwi lokali bucha głośna muzyka. Ściany domów pokryte są reklamami świetlnymi w najbardziej jaskrawych kolorach. Od czasu do czasu stają przed nami obszarpani albo chorzy żebracy, wyciągając ręce z prośbą o datek. Ta dzielnica Nairobi jest szczególnie hałaśliwa, niespokojna, nerwowa i męcząca. Przypominam sobie, jak z dzieckiem na plecach, z wielkimi, wyładowanymi torbami podróżnymi wlokłam się tymi ulicami. Kiedy dzisiaj o tym myślę, nie wyobrażam sobie, jak to było możliwe!

Klaus proponuje, żebyśmy jeszcze poszli na masajski targ. To świetny pomysł! Zgadzam się z entuzjazmem. Kiedy uciekałam stąd przed czternastu laty, nie miałam nawet czasu kupić jakieś pamiątki. Teraz chętnie to nadrobię. Wsiadamy do samochodu i dosyć szybko dojeżdżamy do targu. Rozległe targowisko, pełne kolorowych wyrobów i pięknych ludzi, przedstawia fantastyczny widok. Można dostać dosłownie wszystko: tykwy różnej wielkości i kształtu, maski, figurki pięknie rzeźbione w drzewie, obrazki i kolorowe masajskie ozdoby we wszelkich możliwych wariantach i zestawach. Łatwo tu wydać pieniądze.

Wieczorem mam wielką ochotę ugotować coś dla moich gospodarzy. To bardzo miłe, kiedy nie trzeba codziennie troszczyć się o przygotowanie posiłków, ale zaczyna mi już tego trochę brakować. W Szwajcarii codziennie z przyjemnością gotuję dla siebie i Napirai. Tak więc przygotowuję kolację dla naszej trójki i spędzamy w domu Ireny i Klausa bardzo miły wieczór. Przed pójściem do łóżek omawiamy jeszcze moją jutrzejszą wyprawę do Mombasy – do ostatniego miejsca, jakie chcę odwiedzić w Kenii.

Mombasa

Kiedy w Mombasie wychodzimy z samolotu, uderza mnie fala ciepłego, wilgotnego tropikalnego powietrza. Bardzo lubię ten zapach morza. Lot trwał wprawdzie krótko, ale krajobrazy są tu całkiem odmienne – mam wrażenie, że jestem w innym kraju. Klaus wszystko doskonale zorganizował – na lotnisku czeka już jego znajomy taksówkarz, który będzie nas woził przez następne półtora dnia. Nie mam zbyt wiele czasu na odświeżenie wspomnień.

Najpierw jedziemy na stare miasto – jest tam dużo targów z warzywami i owocami. Drugi co do wielkości targ w Kenii jest zdominowany przez muzułmanów. Ale między zakwefionymi kobietami widać też sporo Afrykanek ubranych w zachodnim stylu.

Rytm życia jest tu o wiele spokojniejszy niż w Nairobi. I wreszcie mogę trochę pochodzić. Spaceruję po starym mieście i głęboko wdycham aromatyczne powietrze, nasycone mieszaniną soli morskiej, owoców i przypraw. Widok worków wypełnionych czerwonymi, pomarańczowymi, żółtymi i czarnymi sproszkowanymi przyprawami to prawdziwa uczta dla oczu. No i te wspaniałe zapachy! Mocne wonie roztaczają także najróżniejsze oferowane tu warzywa i owoce – czegoś takiego nigdy nie czuje się w naszych supermarketach. Co chwila ktoś mnie zachęca, żebym czegoś spróbowała. Mnóstwo tu kobiet, które siedzą pod parasolami dla ochrony przed prażącym słońcem, i oferują na sprzedaż wszelkie możliwe płody rolne. Ciekawe, co by powiedziała mama, gdyby coś takiego zobaczyła.

Potem idę do Fort Jesus, twierdzy wzniesionej przez Portugalczyków w 1593 roku. Z przyjemnością czuję, jak lekka bryza porusza moim ubraniem, owiewa ciało. Z daleka widzę prom Likoni, na którym początek wzięły moje afrykańskie losy. Jutro znowu wejdę na ten prom, dzisiaj jest już za późno. Razem z Klausem jedziemy przenocować w hotelu położonym nieco za Mombasą.

Prom Likoni

Po śniadaniu przyjeżdża po nas umówiony taksówkarz. Niestety, co chwila pada niewielki deszcz, a niebo jest zachmurzone. Jedziemy od północnego wybrzeża w kierunku Mombasy, prosto na prom. Samochody osobowe i ciężarówki stoją w długiej kolejce, a setki ludzi czekają na przybicie statku. Chociaż przeprawa trwa zaledwie kilka minut, panuje tu zawsze bardzo ożywiony ruch. Przyglądam się, jak statek przybija do nabrzeża – ale nie jest to „mój" prom. Ten jest nieco większy. Z tłumem ludzi wchodzę na pokład. Klaus i ja jesteśmy jedynymi białymi wśród pewnie dobrych pięciuset pasażerów, którzy przeprawiają się na drugą stronę. Jak przed osiemnastu laty! Wtedy mój przyjaciel Marco i ja też byliśmy jedynymi turystami. Wchodzę na górny pokład i ponad głowami niespokojnego tłumu patrzę na otwarte morze. W zamyśleniu zastanawiam się nad zdarzeniami, jakie pociągnęła za sobą przeprawa tym promem przed osiemnastu laty. Kto by się spodziewał, że ta przejażdżka wpłynie nie tylko na moje losy, kierując moje życie na całkiem nowe tory, ale stanie się też początkiem historii, która po latach zainteresuje i poruszy serca wielu ludzi na całym świecie. Stoję przy relingu i ze zdumieniem rozmyślam nad kolejami mojego życia. Po chwili odwracam się i – co za zbieg okoliczności! – spoglądam w oczy bardzo młodego wojownika masajskiego, który stoi o pięć metrów ode mnie. Nie jest tak piękny i wysoki, jak Lketinga wtedy. Ale jednak to zaskakujące podobieństwo sytuacji z całą gwałtownością budzi wspomnienia sprzed lat. Serce zaczyna mi mocno bić. Przymykam oczy i widzę siebie jako 26-letnią, ładną kobietę, która, zachęcona przez swojego przyjaciela, odwraca się, by popatrzeć na masajskiego wojownika. Tak. Wtedy właśnie spojrzałam prosto w dumne oczy mojego przyszłego afrykańskiego męża. Lketinga stał niedaleko, wysoki, pełen gracji i egzotycznego uroku, niebywale piękny. Jego twarz była pokryta ornamentami, przystrojona ozdobami, długie czerwone włosy miał zaplecione w małe warkoczyki, a nagi tors zdobiły sznury paciorków. Z wrażenia dosłownie zaparło mi dech w piersiach. Stałam wtedy jak zaczarowana, zniewolona pięknem jego postaci.

Z rozmyślań wyrywa mnie Klaus, pytając, czy zauważyłam Masaja, który stoi za mną. „Oczywiście – odpowiadam ze śmiechem – dobrze, że nie jesteś Markiem, a młody wojownik to nie Lketinga!".

Wkrótce potem prom przybija do nabrzeża. Wsiadamy do naszej taksówki i jedziemy na wybrzeże Diani. Podczas jazdy usiłuję rozpoznać nasz dawny sklep, co jednak wcale nie jest łatwe, gdyż wszystko tutaj się pozmieniało. Wokoło pełno nowych budynków, teren jest zagospodarowany. Tam, gdzie dawniej był po prostu busz, dzisiaj rozciągają się pola golfowe, tereny nowych hoteli i osiedla mieszkaniowe.

Trzy razy przejeżdżamy ulicą tam i z powrotem, aż wreszcie udaje mi się rozpoznać biały budynek, w którym kiedyś mieścił się nasz sklep. Ku mojemu rozczarowaniu nie ma tu już sklepów. Budynek został przekształcony i urządzono w nim pomieszczenia mieszkalne. Cały kompleks jest otoczony wysokim płotem. A więc nie mam tutaj czego oglądać. Co prawda nie wiem, czego się właściwie spodziewałam, ale jednak szkoda, że wszystko zmieniło się nie do poznania.

Jedziemy dalej do hotelu Africa Sea Lodge, w którym mieszkałam, kiedy po raz pierwszy – jeszcze jako turystka – przybyłam do Mombasy. Właściwie to miałam nadzieję, że w okolicach plaży spotkam może Priscillę. Mieszkałam z nią przez kilka miesięcy, w czasie mojego pierwszego pobytu w Mombasie. Bardzo mi wtedy pomogła. Słyszałam od turystów, że nadal sprzedaje *kangi*. Ale teraz znowu zaczynają się deszcze i szanse napotkania jej są znikome.

Dojeżdżamy do hotelu. Od razu dostrzegam, że i ta część miasta całkiem się zmieniła. Do buszu prowadzi kilka nowych ulic, a dalej widzę budynek szkoły. Możliwe, że Kamau Village, gdzie mieszkałam przez ostatnie pół roku podczas pobytu w Kenii, także już nie istnieje. Nie mogę tego sprawdzić, ponieważ drogi prowadzące do buszu są bardzo rozmiękłe wskutek deszczów i nie można tam dojechać. Zajeżdżamy na hotelowy parking.

Przynajmniej tutaj niewiele się zmieniło – tylko turystów jest znacznie mniej niż wtedy.

Robimy małą przerwę na kawę. Wreszcie na niebie pojawia się słońce – to świetnie, możemy pójść na plażę. Zdejmuję sandały i boso biegam po białym piasku. Od czasu do czasu zagadują do mnie plażowi handlarze. Inni, po deszczu, z powrotem wystawiają swój towar – ozdoby, maski, obrazy. Odnajduję moje ulubione miejsce. To tutaj siedziałam po pierwszym „nieudanym pocałunku" z Lketingą, a w trzy lata później przychodziłam prawie w każdą niedzielę – nasza córeczka Napirai tutaj właśnie bawiła się w piasku. I tu także siedzieliśmy z bratem Lketingi, kiedy po raz pierwszy zobaczył morze. Z wrażenia i ze strachu zrobiło mu się słabo.

Powoli brodzę w piasku, a wspomnienia, dawno zapomniane uczucia i myśli przepływają przez moją głowę. Uświadamiam sobie, jak mocno, mimo upływu lat, jestem nadal związana z tym krajem, a zwłaszcza z jego najdzikszą, najbardziej surową częścią – krainą Samburu. Ale czuję też, że nie chciałabym już mieszkać i żyć w Kenii, ani w kraju Samburu, ani na wybrzeżu.

Nic mnie już nie zatrzymuje w Mombasie i jestem rada, kiedy wreszcie wyjeżdżamy na lotnisko. Jeszcze raz wchodzę na prom Likoni. Czuję, jak drżą mi kolana – pewnie zawsze tak będzie w tym miejscu, niezależnie od tego, czy za moim plecami stanie masajski wojownik, czy też nie! To tutaj zawładnęły mną uczucia, których nie potrafię dzisiaj wyjaśnić! A jednak, z najgłębszym przekonaniem, mogę powiedzieć, że nie żałuję niczego, co czułam, co przeżyłam, i na co się poważyłam.

Jestem szczęśliwa, że mam tak wspaniałą afrykańską rodzinę. A to, że po czternastu latach znowu mnie przyjęli i potraktowali tak serdecznie, jest wielkim podarunkiem losu.

Teraz jednak chcę już tylko do domu, do mojej córki. Ogarnia mnie ogromna tęsknota, przemożne pragnienie, aby wziąć ją w ramiona i opowiedzieć jej o naszej afrykańskiej rodzinie.

Podziękowania

Chciałabym bardzo podziękować tym wszystkim, którzy umożliwili mi tę „podróż w przeszłość".

Przede wszystkim Lketindze, Mamie, Jamesowi i wszystkim członkom mojej wspaniałej afrykańskiej rodziny, jak również mieszkańcom Barsaloi, którzy po tylu latach przyjęli mnie serdecznie i życzliwie.

Ojcu Giulianowi, który nas gościł i zaznajomił z obecnymi problemami i zagrożeniami, przed jakimi stoi tradycyjna kultura Samburu.

Współpracownikom Constantin Film, którzy umożliwili mi zajrzenie za kulisy „mojego" filmu.

Mojemu wydawcy, Albertowi Völkmannowi, który towarzyszył mi w podróży jako przewodnik i opiekun, a także Klausowi Kamphausenowi, który znakomicie przygotował wyprawę i uwiecznił nasze przeżycia na zdjęciach i taśmie filmowej.

Moim Czytelniczkom i Czytelnikom, którzy z taką życzliwością odnieśli się do mojego życia w Afryce i do losów naszej afrykańskiej rodziny. W ten sposób zachęcili mnie do powrotu do Barsaloi i napisania kolejnej książki.

Napirai, która, mimo początkowych wątpliwości, zrozumiała mnie i zachęciła do tej podróży.

Spis treści

Powrót do Kenii	7
Przygotowania do powrotu	9
Nairobi	13
W drodze do krainy Samburu	15
Maralal	21
Spotkanie z Jamesem	24
Z Maralalu do Barsaloi	30
Lketinga	35
Mama	40
Wielka rodzina	43
Nasz obóz	48
W *kraalu*	51
W *manyatcie* mamy	57
Nad rzeką	60
Nasz dawny sklep	66
Między kobietami	67
Nowe życie Jamesa	69
Upominki	71
Życie w *kraalu*	75
Wieczór w misji	78
Nowa żona Lketingi	82
Rozmowy w *manyatcie*	85
Saguna	94
Nowa kuchnia, nowe potrawy	99
Dalsze plany podróży	101
W drodze na plan filmowy	104
Na planie	109

Lemalian, czyli Lketinga 116
Filmowe Barsaloi 118
Ojciec Giuliano 122
Misja w Sererit 125
Msza w górach Ndoto 132
Pożegnalne święto 134
Nocny taniec 142
Pożegnanie 144
Ostatni wieczór w krainie Samburu 151
Szpital w Wambie 152
Droga powrotna do Nairobi 157
Latający doktorzy 161
Kibera – dzielnica nędzy 164
Mzungu Massai 168
Mombasa 170
Prom Likoni 171
Podziękowania 174

Podczas pierwszej podróży do Kenii, rok 1986

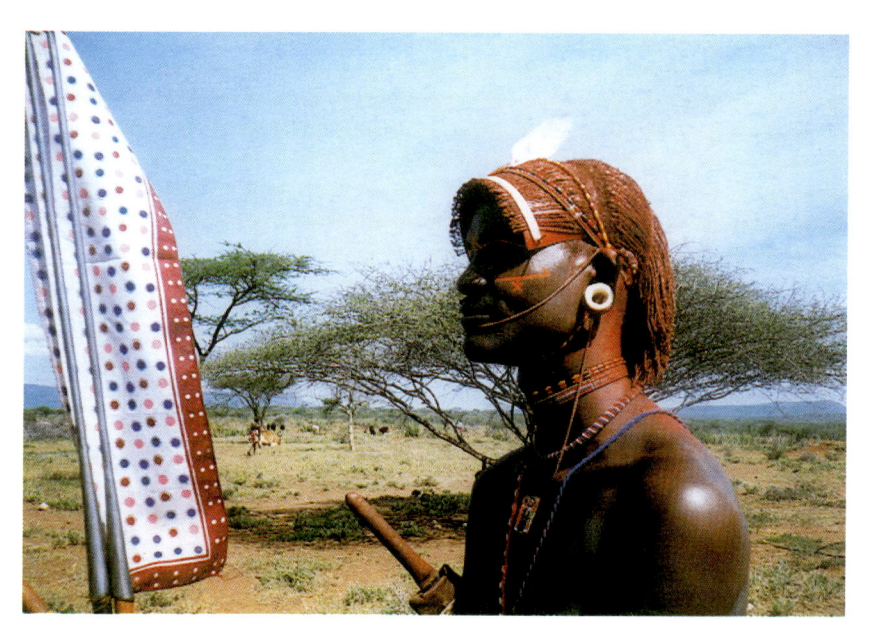

Lketinga w tradycyjnych ozdobach wojownika Samburu, rok 1987

W czasach wielkiej miłości

Z naszą małą Napirai w Barsaloi

Spojrzenie na znane miejsca

W wyschniętym korycie rzeki, przy dawnym wodopoju

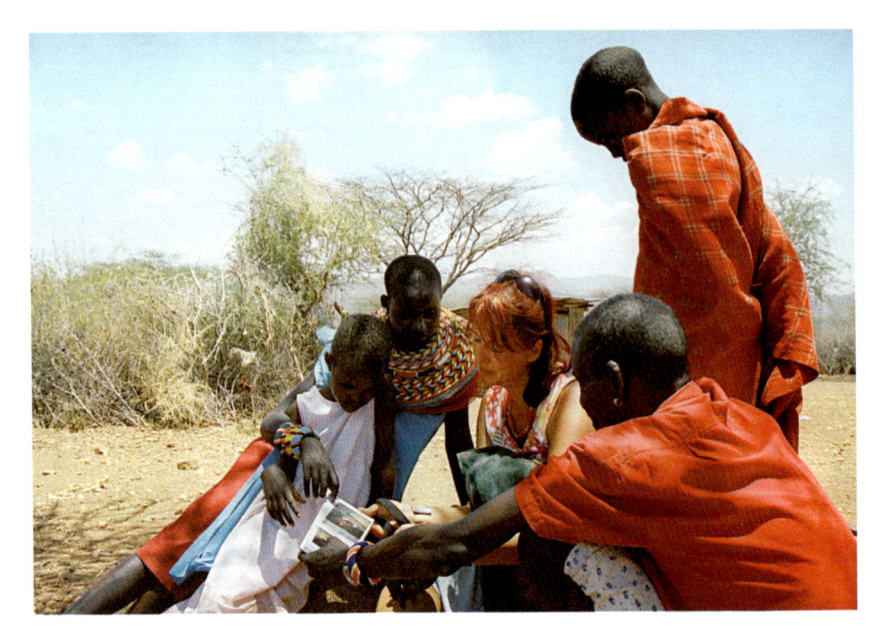

Nad albumem ze zdjęciami Napirai

Z Shankayon, córką Lketingi

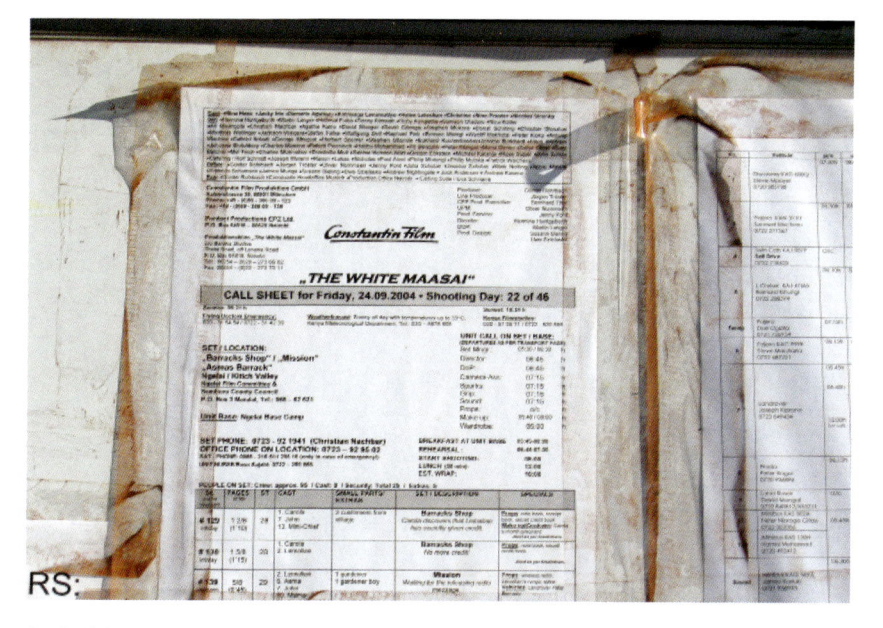

Rozkład dnia na planie filmowym Białej Masajki

We wsi Samburu zbudowanej na potrzeby filmu

Pierwsze spotkanie z Niną Hoss, odtwórczynią roli głównej

Jacky Ido, który w filmie gra Lketingę

Z ojcem Giulianem i Klausem na terenie misji

Niedzielna msza święta w Sererit

W odwiedzinach u starych znajomych

Mama Nataszy z najmłodszym dzieckiem

Lketinga prezentuje nowy koc

Z mamą i siostrą Lketingi przed manyattą *mamy*

Nasi goście w kolejce do pożegnalnego poczęstunku

Rodzinne zdjęcie z moim wydawcą

Pamiątkowe zdjęcie z afrykańską rodziną

Z Jamesem, Stefanią i małym Albertem

W serdecznym uścisku z mamą

Pożegnanie z mamą i Lketingą

Szpital w Wambie, miejsce urodzenia mojej córki

Prom Likoni w Mombasie, na którym wszystko się zaczęło

Spotkanie z kobietą Samburu nad rzeką

Nasz dawny sklep w Barsaloi

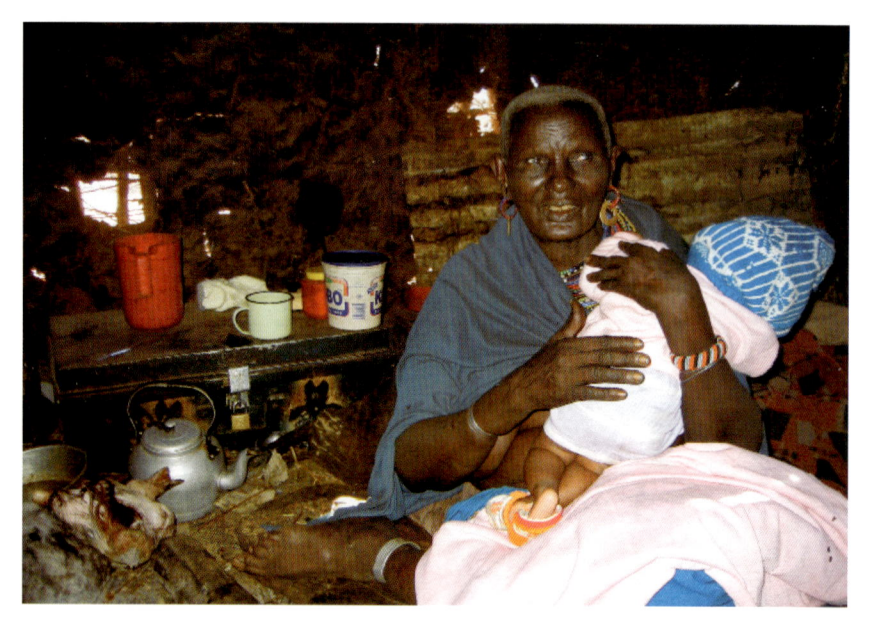

Mama piastuje w ramionach Felistę, najmłodsze dziecko Jamesa i Stefanii

Razem w chacie mamy, jak za dawnych lat